LA GUERRE GRAMMATICALE,

PAR ANDRÉ GUARNA DE SALERNE,

TRADUITE EN FRANÇAIS PAR M. H.-B. G.

(Gibault)

A POITIERS,

CHEZ E.-P.-J. CATINEAU, IMPRIMEUR-LIBRAIRE.

M. DCCC. XI.

AVANT-PROPOS.

Guarna de Salerne écrivait au 16.ᵉ siècle. Il ne paraît pas avoir été connu des biographes, et je dois au hasard le plaisir de l'avoir lu. On entrait dans les vacances ; je voulais en goûter les premiers momens, les passer dans une douce paresse. Je jouissais à errer autour de mes livres, sans être obligé d'ouvrir l'un plutôt que l'autre, et souriant à l'inutilité momentanée des exigeans in-folio, lorsque j'aperçois sous un énorme *Theatrum vitæ* un tout mince volume ; je le retire par pitié, et non sans peine : c'était Guarna. Il me rappelle celui dont je l'avais reçu en présent, le malheureux Dassier, enlevé trop tôt à nos lettres poitevines. Mes yeux se fixent avec sensibilité sur les premières pages de ce livre ; le charme me gagne, et je ne le laisse plus que je ne l'aie lu tout entier. J'aurais volontiers demandé ensuite à tous ceux que je rencontrais : *Avez-vous lu Guarna ?* Je pensai que quelques morceaux traduits de cette production originale seraient écoutés avec plaisir dans notre Société des Sciences et des Arts ; je songeai même à m'en faire un moyen d'acquitter envers elle ma portion dans la dette annuelle que lui paient ses membres. Mon travail fut accueilli ; on me recommanda de le continuer, de l'imprimer : on trouvera que j'ai été d'une docilité exemplaire.

Le *Bellum grammaticale* explique les causes des nombreuses anomalies que présente la langue du Latium, toute belle et si rapprochée de la perfection. L'auteur les attribue à quelque catastrophe dans l'empire de Grammaire; c'est ainsi, en effet, que les bouleversemens de notre globe, ces monts escarpés et leurs cimes aiguës, ces rochers menaçans, leurs abîmes et leurs précipices, sont des monumens incontestables de la guerre des Titans. La catastrophe grammaticale fut aussi une guerre, et une guerre civile. Des prétentions aigrissent les chefs ; le peuple, toujours ardent et rarement sage, prend parti; des armées sont sur pied, et brûlent de s'entre-détruire.

Le développement des forces de l'un et de l'autre parti est un tableau mouvant où se trouvent toutes les espèces des anomalies; chaque évènement y est une règle; l'histoire d'un combattant est celle d'un nom ou d'un verbe irrégulier ou défectueux, et souvent de l'un et de l'autre. Ces traits restent dans la mémoire, dans l'esprit, qu'ils ont rempli de passions, de terreurs, et sur-tout d'images.

Le malin Guarna ne peut, de son côté, demeurer tranquille spectateur ou historien froid de ces mouvemens belliqueux ; il faut qu'il décoche à droite, à gauche, des traits qu'il a trempés dans un sel attique, et qui vont tomber au loin sur de paisibles auteurs, tout occupés d'identités, de substance, de relatifs, d'accidens, référibles, etc., sublimes inventions de la scolastique ; car on était alors dans le siècle des cathégories, des universaux, et, comme on ne manquait pas de le dire, dans le siècle des lumières. Les siècles qui ont suivi ont eu d'autres marottes, et furent aussi des siècles de lumières : celui où nous vivons ne renonce point à un aussi beau titre. Mais la vérité seule et les grands hommes surnagent sur ces torrens de lumière ; le reste s'écoule dans l'oubli, et le pauvre Guarna lui-même ne s'est retrouvé que dans l'ombre. Serait-il donc sage, après cela, d'attendre pour ma traduction un sort plus heureux ? Puisse du moins le souvenir de mes efforts ne pas déplaire à mes contemporains, et vivre dans la mémoire de ceux qui me les commandèrent !

GRAMMATICALE

BELLUM.

PAULO CAESIO,

JUR. D. CONSULTO,

ANDREAS GUARNA SALERNITANUS

S. D.

Bellum illud memorabile, quod inter Grammaticae Reges non minoribus animis quàm odiis gestum est, omnium periculosissimum, cùm superioribus diebus imprimendum curarem, PAULE CAESI, cuinam potissime id opus dicarem, cogitanti diutius, unus mihi occuristi: quem tametsi paternis inhaerentem vestigiis, arduae Justinianae sanctiones, ac difficilia indefesse exerceant legum decreta, ea nihilominus es ingenii dexteritate, ut post inquietas fori actiones, post importunas clientium querelas, domum reversus : aetati aliquantulum,

A PAUL CÆSIUS,

JURISCONSULTE EN DROIT CANON,

ANDRÉ GUARNA, DE SALERNE,

SALUT.

*L*orsque je m'occupais dernièrement de donner à l'impression l'histoire de cette guerre mémorable et féconde en évènemens périlleux, que se sont faite avec autant d'animosité que de courage les deux princes de Grammaire, je réfléchissais en moi-même à qui il me serait honorable d'en offrir la dédicace; et vous seul, ô *Paul Cæsius!* vîntes montrer à ma pensée l'homme que je cherchais. Imprimant vos pas sur les traces paternelles, vous vous livrez avec un zèle infatigable aux méditations ardues des livres de Justinien, aux difficiles discussions de nos lois; et telle est néanmoins cette facilité de génie dont vous fûtes doué, qu'après avoir triomphé dans les luttes véhémentes du barreau, et vous être arraché à la foule des cliens, rendu enfin à vos

atque animo indulgens, jocos, sales, caeteraque quae pulsis occupationum tenebris affectam mentem exhilarare consuevere, servata semper personae gravitate, admittere non vereare. Decorabunt alii nomen virtutesque tuas sublimioribus gravioribusque lucubrationibus : sed et tute parentem imitatus, teipsum, ac familiam tuam marmoreis laudibus illustrabis. Ipse ex tenui penu, quod possum proferens, benevolentiam, quae unico congressu (tantum plerumque valet ad conciliandas amicitias morum consensus) inter nos exorta est nunquam intermoritura, vel unico hoc prosequar munere devotissimo. Vale, et me Tarquino Sanctae Crucis, romanae juventutis splendori, ac bonarum literarum cultori, commendatum redde.

paisibles pénates, accordant à votre jeunesse et aux besoins de l'esprit quelques momens de loisir, vous ne craignez point d'égayer la gravité du personnage qui vous est imposé, par ces jeux, ce sel des belles-lettres, et ces agréables délassemens qui font luire au sein de l'ame qu'absorbèrent de sombres méditations, quelques rayons d'une douce joie. D'autres sauront célébrer par des écrits plus dignes de leur sujet, et votre nom et vos vertus : semblable vous-même à votre illustre père, vous ferez consacrer, un jour, sur le marbre et votre nom et celui de vos descendans. Pour moi, en me bornant à ce qu'il m'est permis de tirer d'un modeste avoir, je cultiverai par l'hommage de ce don unique, mais qu'offre le sentiment le plus dévoué, cette bienveillance qu'un premier instant, (tel est le pouvoir qu'exerce sur les ames la ressemblance des mœurs!) a fait naître parmi nous, et qu'aucune verra finir. Jouissez d'une santé inaltérable, et veuillez me recommander à *Tarquin de Santa-Croce*, l'honneur de la jeunesse romaine, et l'ami des bonnes études.

GRAMMATICALE BELLUM

NOMINIS ET VERBI REGUM [1],

DE PRINCIPALITATE ORATIONIS [2]

INTER SE CONTENDENTIUM.

GRAMMATICÆ provinciam [3], cæterarum omnium, quæ ubique terrarum

---

(1) Les anciens Sophistes et les Dialecticiens pensèrent qu'il n'y avait que deux parties du discours, le nom et le verbe, parce que, réunis, ceux-ci peuvent seuls faire un sens et une proposition. Ils appelaient les autres parties, subordonnées, ou ne signifiant qu'avec eux. Les Stoïciens en admettaient cinq, auxquelles ils rapportaient les autres; et ces sectes, en instituant une suprématie entre les mots, fondèrent ainsi l'empire des deux premiers.

LA GUERRE GRAMMATICALE

ENTRE LES DEUX ROIS

LE NOM ET LE VERBE,

DISPUTANT

DE LA PRÉÉMINENCE DANS LE DISCOURS.

La province de Grammaire est située dans la plus belle et la plus heureuse de toutes les

---

(2) L'expression littérale serait, *dans la phrase.* Une phrase entière renferme une proposition, un raisonnement ; elle est un discours.

(3) Les Romains appelaient province les pays conquis, *quod vinci videantur. (Cornucopia* de Perotto.) Il semble, au premier aspect, que l'expression soit ici inconvenante ; « mais, comme on envoyait, con-
» tinue ce savant, des préteurs dans les provinces

fama celebres sunt, pulcherrimam fœlicissimamque esse, nemo fermè vel mediocriter eruditus est qui ambiget : quippe cùm amœnitate situs, salubritate cœli, frugum omnium copia, rebusque aliis, quibus mortalis hæc vita carere non debet, nulli cedat; tum illustrium virorum nutrix semper extitit et alumna. Sicuti enim ætate hac, ita priscis etiam temporibus inviolabiliter observatum fuit, ut quicquid ubique gentium (barbaras et desides nationes semper excipio) gigneretur ingenii, bonæ indolis, alicujusve spei, eò sanctissimis imbuendum disciplinis mitteretur. Ex hac siquidem ad sublimiores regiones, beatioresque habitationes, Dialecti-

---

» pour les gouverner, il arriva que leur magistrature » et tout cè qui la composait fut appelé *province*. » Ce mot fut donc employé, dans la suite, pour désigner les plus importantes fonctions : *Cùm tibi forte obtigisset ut jus diceres, quantum negotii, quid oneris haberes nunquam cogitasti, neque eam* PROVINCIAM,

contrées; c'est un fait connu des moins instruits.
Elle ne le cède à aucun pays du monde, soit par
l'agrément de ses sites, soit par la pureté de
son ciel, la fertilité et l'heureuse abondance
de toutes choses nécessaires dans cette vie mor-
telle. Au sein de cette terre favorisée furent
nourris et élevés les hommes qu'a célébrés la
renommée; et nous voyons de nos jours, de
même qu'il se pratiquait dans les temps les
plus reculés, l'universalité des peuples, je n'en
excepte que les nations barbares et stupides,
envoyer, pour y être exercés dans les saintes
disciplines de l'état, tout ce que le Ciel fit
naître parmi eux d'êtres doués de génie, ou
d'un naturel heureux, et de talens destinés à
remplir de grandes espérances. C'est de là seulement que s'ouvrent les routes qui mènent à
des régions plus élevées, demeures fortunées
que se partagent, entre autres provinces, la
Dialectique, la Philosophie et la Théologie,
où ne saurait pénétrer, au contraire, celui qui
n'a point visité cette terre classique. Mais ces
plages fécondes, ces retraites enchantées, sont

ad summam stultitiam nequitiamque venisse, etc.
(Cic. in Verr. act. 7.) Or, d'après l'acception de ce
mot, quel empire, quel gouvernement méritait davantage que celui de Grammaire, l'antique nom de
province?

cam scilicet, Philosophiam, Theologiam [4], cæterasque illis similes provincias, unicus aditus patet : et nisi eam peragraverit, in illarum sacraria minime quis valeat penetrare. Quæ quidem licet tanta polleat amœnitate, et rerum copia, est nihilominus altissimis circumdata montium cristis, et inaccessis eò usque circumsepta alpium jugis, ut nisi peritum habeas itineris ducem, ad ejus plana cultaque nunquam valeas pervenire.

Fuit proinde, et nunc est, ejus provinciæ regibus laudabilis et pius mos, ne mortalium genus tam necessario bono privari queat, ex suis militibus veteranos (quos pædagogos vocant) in omnes mundi partes dirigere, qui tenerioris ætatis adules-

---

(4) On s'étonnera qu'il ne soit pas ici question de la science du droit ; mais à Rome, état théocratique, le droit était dans la théologie, dans les règles tirées des conciles, des rescrits des souverains pontifes, et enfin dans les décrétales, etc. Aussi la bulle *Super*

défendues par des montagnes aux cimes escarpées ; le pays a ses Alpes et leurs abymes : vous tenteriez en vain de vous frayer un passage dans la profondeur de ses gorges et d'arriver à ses plaines riantes, si vos pas n'y sont dirigés par l'expérience d'un guide habile.

De peur que tant de biens ne fussent un jour perdus pour les mortels, les chefs de cet empire, suivant une coutume louable et transmise jusqu'à nos jours, députent par toutes les parties du monde des hommes choisis parmi les anciens de leur milice ; on les nomme guides de l'enfance : ils leur donnent commission d'aller recueillant tout ce qu'ils peuvent rencontrer des plus tendres prosélytes ; car ceux qui ont passé

---

specula avait-elle jugé que tout était suffisamment réglé dans ces ouvrages, qui étaient à-la-fois et théologie et droit ; et les anciennes facultés du droit étaient dites *facultés du décret*.

centes (nam adulti et provectiores haud facile disciplinam recipiunt) ad ipsa usque regum palatia incolumes, perducant: ubi et Latiæ et Cecropiæ Minervæ artes eruditi, prædictas postea sublimiores regiones scandere valeant, et expeditius penetrare. Ibi Græci omnes Latinique, quos vel propria scripta, vel aliena celebrant monimenta, tyrocinia sua prima exercuere, ibique edocti, atque instructi, tantis postmodum floruere gestarum rerum præconiis, ut viventes, ætatis suæ hominibus maximo ad virtutem fuerint adjumento : et vita functi, posteris, tanquam extenso digito, recti ad laudabilem vitam callis semitam demonstrarint.

Provincia hæc itaque, licet unica sit et individua, geminos tamen habet, qui in ea imperent, potentissimos reges, Verbum scilicet et Nomen : et prior quidem Amo, posterior verò Poeta nuncupatur: qui diutissimis tempori-

leurs premières années, et déjà touchent à leur été, sont peu propres aux exercices de cet empire. Ils se les font amener ainsi comme par la main jusque dans l'enceinte de leur palais; là, instruits dans les mystères, exercés dans les arts de la Minerve d'Athènes et de Rome, ils apprendront à gravir moins péniblement et à s'élever d'un vol plus agile vers ces régions qui touchent au ciel, et que nous venons de célébrer. Là firent leurs premiers essais et ces Grecs et ces Latins que recommandent ou leurs propres écrits, ou les fastes des temps; là, formés par l'étude et nourris de doctrine, ils frappèrent leur siècle par l'éclat de tant de travaux glorieux, qu'ils méritèrent de diriger pendant leur vie les hommes vers tout ce qui est grand et vertueux, et que du sein de leur immortel repos, ils montrent encore, et comme du doigt, le sentier qui mène, sans égarer jamais, vers le charme d'une vie pleine de louange.

Cette province, quoiqu'elle forme un état unique et qui ne dût jamais être divisé, obéit néanmoins aux lois de deux monarques puissans : l'un se nomme *Amo*, l'autre *Poeta*. Long-temps les heureux liens d'une concorde mutuelle avaient uni les deux princes; long-temps, par un auguste accord, ils tinrent rassemblées autour du trône toutes les puissances

bus tanta simul regnavere concordia, ut in conficienda oratione, ex qua utriusque imperii vectigal omne consistit, nullum unquam dissidium, nulla dissensio, nullum denique litigium inter eos fuerit auditum. Nihil autem in omni Grammaticæ solo gignitur oratione præclarius, nihil dignius, nihil salubrius : quæ jucundissimis compacta florum coloribus, pulcherrimis ornata rerum figuris, ac suavissimis redimita rosarum nexibus, tantæ est authoritatis et virtutis, ut cùm mortales omnes (modo rectè aptèque peroretur) in sui admirationem trahat, tum à diis ipsis, quicquid voluerit, valeat extorquere. Unde est illud Euripidis dictum : Omnia conficit oratio, quæ hostile ferrum conficere non potest. Et Pyrrhus, plures à Cynea oratione quàm à se armis, urbes captas dicere consueverat.

In hac igitur rerum concordia, cùm Grammaticæ totius res optimè proce-

du discours, et administrèrent dans une paix profonde, que n'altérèrent ni les dissensions ni l'odieuse querelle, l'oraison, branche unique et féconde de toutes leurs richesses. Et quelle production en effet plus riche, plus salutaire, plus digne, pourrait illustrer le sol de Grammaire? Ornée des fleurs les plus brillantes, étalant la pompe des mots et des figures, enchaînée par des liens tissus de roses, l'oraison se montre avec tant d'avantage, douée de tant de force et de suavité, que, pourvu toutefois que dans la hardiesse de son essor elle ne dédaigne point le choix et la justesse de l'expression, elle entraîne les hommes et incline les dieux même vers ses volontés. De là cet oracle d'Euripide, que le discours achève ce que le fer ne peut entamer ; et ce mot de Pyrrhus, qu'il avait moins soumis de villes par la force de ses armes, que Cynéas ne lui en avait conquis par le charme de son éloquence.

Au sein de ce calme prospère, lorsque le pays de Grammaire jouissait de la splendeur de

derent, fœlicique prosperarentur successu, accidit ut orta inter eos ex parva causa dissensione, cuncta tumultibus et inexpectatis bellorum anfractibus involverentur. Quid enim non faciant vinum, et immoderatiùs sumptæ epulæ? Tantam animorum conjunctionem unius convivii ebrietas in eas impulit utrumque regem inimicitias, ut immoderata dominandi libidine, tanquam sylvestres tauri asilo acti, propria regna, et tam nobile Grammaticæ imperium penè everterint. Referam autem quonam pacto gesta sit res, ut sciant omnes nullum esse tam arctum amoris vinculum, quod regnandi libido non solvat. Quapropter Dionysium seniorem dicere solitum ferunt, Ab amicis etiam cavendum esse ei qui præsit: quando ignarus non sit eos imperare malle, quàm servire.

Cœnantibus itaque aliquando prædictis regibus in medio æstatis fervore

sa fortune et de la faveur des dieux, il arriva qu'une dissension, née d'une faible cause, remplit l'empire de tumultes, et enveloppa inopinément de toutes les calamités de la guerre le pays et ses infortunés habitans. Que ne peuvent le fougueux Bacchus et les plaisirs immodérés de la table? Les seuls excès d'un festin ont pu troubler la sainte harmonie entre les deux rois. Semblables à deux taureaux qu'excite le cruel taon, on les voit, transportés d'une haine insensée, se précipiter l'un contre l'autre; dans la soif brûlante de régner, ils foulent sous leurs pieds et bouleversent à l'envi les nobles domaines qu'ils se disputent. Je rapporterai ces fatales dissensions et leurs causes, afin que tous sachent qu'il n'est au monde d'union si étroite, de liens si resserrés, que ne brise avec effort la féroce passion de dominer; c'est pourquoi Denys l'Ancien avait coutume de dire que celui qui tient les autres sous ses lois, doit redouter jusqu'à ses propres amis, quand il ne peut se dissimuler qu'il leur serait plus doux de commander que d'obéir.

Au temps où l'haleine enflammée du chien brûlant exhale ses feux sur la terre, aux lieux

secus placidissimum et perennem fontem, cujus ripas undique virides fagi, et altissimæ platani, opacitate eximia adumbrabant: postquam abundè ventri factum est satis, cùm incaluissent omnes mero, orta est inter eos quæstio, cujusnam partes in conficienda oratione potiores censerentur. Et Verbo quidem digniorem locum sibi ascribente, acriter resistebat Nomen, asserens sinè se stare orationem non posse, ex seque procedere quod intelligibilis habeatur, et grata.

Quid enim (aiebat) facis tu in oratione sine me? Si paululum præsentiam meam subtraxero, non secus te intelligant audientes, ac mutum loquentem. Confice illam paulisper sine me, fac ut sciant audientes quid tibi velis: certè nisi ipse interpres accedam, vel ipsa intentionis tuæ primordia nullus valeat penetrare. Sed et illud notari est dignum, quòd quò te antiquior sum, eò etiam dignior debeo

où, sous des voûtes formées par le hêtre et le platane aux larges feuilles, une fontaine laissait couler lentement son onde transparente entre deux rives entourées d'ombrages et de fraîcheur, on avait servi aux deux monarques le repas du jour. Après que l'on se fut livré aux délices de la bonne chère, et que le vin eut échauffé les têtes, il s'éleva entre eux l'indiscrète question de la prééminence dans l'œuvre et la confection de l'oraison : le Verbe y revendiquait le principal mérite ; le Nom affirmait, au contraire, que c'est par lui qu'elle existe, de lui qu'elle reçoit le don de se faire entendre et de charmer.

« Que feriez-vous, s'écriait-il, que feriez-
» vous sans moi dans le discours ? Que je me
» dérobe un instant, et déjà vous n'êtes pour
» les auditeurs qu'un muet qui ouvre la bouche.
» Essayez d'arranger sans mon aide quelques
» phrases, et faites que l'on vous devine ;
» certes, si je ne daigne accourir vers vous,
» l'on ne sera pas même parvenu à soupçonner
» ce que vous aurez tenté en vain de mettre au
» jour. Mais ce qui aurait dû vous frapper,
» c'est que je l'emporte d'autant plus sur vous
» en dignité, que mon origine est plus an-
» cienne. Qui peut ignorer que le Nom était,

comprobari. Quis verò nesciat fuisse prius Nomen, quàm Verbum? Aut quis non intelligat Nomini, quàm Verbo vetustiora adesse exordia? Deum certum est fecisse omnia: quòd si omnia, utique et Verbum: Deus autem nomen est, non verbum. Igitur à Nomine facta sunt omnia, et non solùm oratio à Deo facta est, et sic à Nomine: sed et tu, ó Verbum, quo adeò insolescis, à Nomine tuum esse sumpsisse convinceris. Legisti tu aliquando, Inter natos mulierum non surrexit major Joanne Baptista? Dei hæc est sententia: huic refragari minimè tibi fuerit fas. Si Joanne nullus est major (Joannes autem est nomen ejus, et, cui nomen erat Joannes), apparet certè nihil majus Nomine posse reperiri. Sexcenta sunt testimonia, quæ possint afferi, quibus luce clarius diffinitur, sicut dignitate antiquitateque, ita et authoritate Verbo longè Nomen esse præstantius: quæ

» lorsque le Verbe attendait encore l'être ? ou
» qui ne conçoit que la naissance du Nom a pré-
» cédé les temps marqués au Verbe pour sortir
» du néant ? Vous ne nierez pas que Dieu ait fait
» toutes choses ; donc il a fait le Verbe : mais
» Dieu appartient au Nom, et n'est pas Verbe ;
» c'est donc du Nom que provient l'existence
» de toutes choses ; et non-seulement le dis-
» cours fut l'œuvre de Dieu, et par conséquent
» du Nom, mais toi-même, ô Verbe ! qui
» étales de si orgueilleuses prétentions, il faut
» que tu confesses lui devoir le bienfait de ton
» existence. N'as-tu lu nulle part ces mots cé-
» lèbres : *Entre les enfans de la femme, il*
» *ne s'en éleva pas un plus grand que Jean-*
» *Baptiste ?* Cet oracle est divin ; il te siérait
» mal de le révoquer en doute. Si personne ne
» fut plus grand, et remarque bien qu'il se
» nommait Jean-Baptiste, et Jean-Baptiste est
» nom ; il est, je pense, hors de doute que
» l'on ne peut rien trouver de plus grand que
» le Nom. Je pourrais rapporter ici mille té-
» moignages tous propres à établir cette vérité
» plus claire que le jour ; que, de même que
» le Nom dépasse en dignité et en ancienneté
» le Verbe, de même il le laisse loin après lui
» en prérogative et en excellence. Mais je veux
» bien te faire grâce de cette innombrable mul-
» titude d'autorités, de peur de paraître triom-

omnia sponte prætereo, ne verbositate nimia, non causa, Verbum ipsum videar superare.

Mirabar (respondit Verbum) ô Poeta, quòd te Plato ille divinus sua ejecisset republica; nunc animadvertens quanta impudentia, temeritateque divinas authoritates tuis ineptiis involvas, sapientissimum philosophum rectè judicasse satis animadverto; nam nisi te ea, quam constituebat, republica exibilasset, cum aliis multis, tum falsis religionibus, portentosisque Diis, omnium civium suorum mentes pervertisses. Quid enim non audeat tua arrogantia, tua mentis elatio, quando possessa à me diuturno tempore prioris loci in hac provincia, dignitate, vel confictis, inversis et intortis sacræ paginæ testimoniis, exturbare conaris? Enimverò ne solus literas scire videare, manifestissimis et planissimis ejusdem paginæ dictis authoritatem meam conservabo. Profe-

» plier du Verbe plutôt par l'abondance de mes
» paroles, que par la bonté de ma cause. »

« Je m'étais souvent étonné, ô *Poeta!* reprit
» le Verbe, que le divin Platon t'eût chassé de
» sa république ; maintenant que je vois avec
» quelle impudence et quel excès de témérité
» tu oses envelopper de tes ineptes arguties le
» sens des autorités divines, je comprends assez
» toute la profondeur du jugement de ce grand
» homme ; car, s'il ne t'eût rejeté de l'état
» que fondait sa sagesse, tu n'eusses pas man-
» qué d'y remplir l'ame et l'esprit des citoyens
» de tes folies, de l'extravagance de tes idées
» mythologiques, et des aventures monstrueu-
» ses de tes dieux. Que ne doit-on pas craindre
» en effet de ton arrogance et de l'excès de ta
» vanité, lorsque l'on te voit, te consumant en
» d'indignes efforts pour m'enlever dans la
» province cette autorité dont le principe se
» perd dans la nuit des temps, usurper le té-
» moignage des pages sacrées, oser en tour-
» menter le texte divin? Mais, pour que l'on
» ne pense pas que ces sources que tu profa-
» nes ne soient connues que de toi, j'y veux
» puiser aussi moi des argumens, et j'y établirai
» sur des textes clairs et faciles les titres inex-
» pugnables de ma prééminence. Qu'il me

ram autem ipsum veteris scripturæ caput, ubi dicitur : In principio erat Verbum , et Verbum erat apud Deum, et Deus erat Verbum. Arrige aures, cur faciem caperas? Deus, inquit, erat Verbum : omnia per ipsum facta sunt, et sine ipso factum est nihil. Non igitur Nomen fecit omnia , sed Verbum. Deus autem erat Verbum, non Nomen : sed et verbo Domini cœli firmati sunt, et omnis virtus eorum. Quid igitur dices? non est quod te divinis tueare testimoniis , quæ pro me stare, tibique adversari intellexisti. Verùm ad ea, quæ ad nostram verè attinent causam, revertamur. Quænam est, per immortalem Deum, hæc tua insania ? unde hos tibi tam repente sumpsisti spiritus , ut audeas in oratione digniorem tibi locum usurpare? An te præterit omnem decorem, pulchritudinem, ac suavitatem ex me uno procedere? à Verboque Nomen, non à Nomine Verbum regi consuevisse?

» suffise de citer ici les premiers mots du livre
» ancien : là il est dit : *Au commencement
» était le Verbe, le Verbe était en Dieu,
» et Dieu était le Verbe, et tout fut fait par
» lui, et sans lui rien ne fut fait.* Ce n'est
» donc pas le Nom qui a tout fait, mais le
» Verbe ; or le Verbe était Dieu, et non pas
» le Nom. Mais écoute encore : *Le Verbe du
» Seigneur posa les cieux, et leur imprima
» le mouvement et la force.* Eh bien ! où sont
» tes argumens ? les entends-tu ces oracles ? ils
» me nomment et te foudroient. Mais rentrons
» dans les vrais termes de notre querelle, et
» dis-moi, je t'en conjure par le Dieu immor-
» tel, quelle est ta folle vanité ? Qui donc a pu
» t'inspirer cette altière et soudaine présom-
» ption, de prétendre sur nous au premier rang
» dans le discours ? As-tu donc oublié que la
» beauté, l'ordre et la force lui viennent de moi,
» de moi seul ? que le Nom est constamment
» régi par le Verbe, et non le Verbe par le
» Nom ? que la variété, que l'élégance des Ver-
» bes enfin, orne le discours et l'ennoblit ? que,
» si je ne prenais le soin de t'y assister, de t'y
» conduire, on t'y verrait paraître sans force,
» sans grâce, et, s'il est permis de le dire,
» comme un véritable manchot ? Ose essayer
» de lier quelque phrase dans laquelle on ne
» soit forcé de m'offrir les principales attribu-

Verborum varietas, verborum elegantia, orationem exornat et illustrat : sed et nisi te regam ac dirigam in oratione, tu ipse mancus et debilis reperiare. Poterisne tu constructionem unam connectere, in qua non continuò mihi principales partes tribuantur? sed et me solum, qui inter Verba principatum teneo, sine alterius adminiculo orationem perfectam, cum voluero, facere posse nemo permittitur dubitare. Quid ergo blattis, et, quod ille ait, tuas projicis ampullas [5] et sesquipedalia verba? Quis verò es tu, qualisve, aut quantus, qui hæc jactas, qui tam alte reboas, qui eò usque inflatus incedis, ut periculum sit ne medius dirumpare? Nominum (inquies) rex sum. Sed quod tibi est nomen? Poeta, respondes. Quid autem aliud est Poeta

---

(5) Projicit ampullas, etc. *Hor. de Art. poet.*

Pauvres et dans l'exil, là Télépho et Péléo,
Pour nous intéresser au récit de leurs maux,

» tions. Ignores-tu que moi *Amo*, le premier
» de tous les Verbes, je peux seul, et qui oserait
» en douter? former, quand il me plait, un dis-
» cours parfait? Que te sert donc tout ce travail
» de paroles? à quoi bon nous faire, comme a dit
» un ancien, de grandes phrases, de l'enflure et
» des mots? Mais qui es-tu? où gît ton mérite?
» quelles sont tes qualités, pour te livrer à tant
» de jactance, pour mugir avec tant de fureur,
» pour t'enfler au point que je crains que tes
» flancs ne viennent à se rompre? Je suis,
» dis-tu, le roi des Noms; mais quel est ton
» nom à toi-même? *Poeta*, réponds-tu. Eh!
» qu'est-ce autre chose, *Poeta*, qu'un vain
» diseur de riens; un petit marchand de futi-
» lités; un conteur de fables; le précepteur des
» désordres, parleur sans fin, sans intérêt,
» sans vérité; un intempérant, une outre rem-
» plie de vent, un corrupteur du vrai, prôneur
» du faux, et remplissant de son funeste babil
» le monde, dont il vient altérer l'innocente
» tranquillité? C'est cette misérable facilité de
» remplir les oreilles de mots, qui te fit un
» nom parmi le vulgaire stupide, et te donne
» aujourd'hui la ridicule confiance de lutter

Doivent sur-tout bannir l'enflure et les grand's mots.

Trad de M. Daru.

quàm nugigerulus, nugivendulus, fabularum inventor, scelerum magister, loquax, nugax, mendax, ebrius, et fatuus : qui vera invertas, falsa ingeras, totumque orbem garrulitate inficias et perturbes : qui loquacitate tua tantam tibi apud imperitum vulgus authoritatem usurparis, ut cum clarissima Verborum progenie de dignitate audeas disceptare ? Quid ex te habent unde ad virtutem incitentur adulescentiores (quos stulte satis erudiendos parentes eorum tibi tradidére) nisi adulterum Jovem, zelotypam Junonem, meretricem Venerem, mœchum Martem, reliquaque tuæ sapientiæ præclara commenta : qui cùm plus justo aliquamtulum biberis, tanquam deo, non mero plenus, ad instar larvati ceritique, cœlum terræ, terram cœlo audeas permiscere?

Ad hæc ira vehementiore excandescens rex Poeta, ignominiamque ac jactata de se probra ferre non valens :

» d'autorité avec la race illustre des Verbes.
» Mais qu'a reçu de toi, qui puisse la porter aux
» élans de la vertu, cette jeunesse que te confia
» la crédulité assez imprudente des parens? Ce
» sont sans doute les ingénieuses fictions d'un
» Jupiter coupable, d'une Junon jalouse, d'une
» Vénus déhontée, d'un Mars violent ou cor-
» rupteur, et autres louables inventions de ton
» incomparable sagesse. Ainsi, lorsque l'in-
» tempérance te fit boire un peu plus qu'il
» n'eût fallu, semblable alors à un énergu-
» mène, et comme si ta poitrine était pleine
» du dieu, et non pas gorgée de vin, on te
» voit confondre, dans le trouble qui t'agite,
» et le ciel et la terre. »

A ces mots *Poeta*, transporté de colère, ne
se contient plus; incapable de supporter tant
d'opprobres, de résister à ces flots amoncelés

O improbum, inquit, caput, talia de nobis temerario ore dicere præsumpsisti? Simulque arreptum poculum, in illum furibundus immisisset, ni ex circunstantibus quidam apprehensam ejus dextram ab ictu divertisset. Minime dubium est quin irritatis utrinque animis ex verbis ad verbera, vulneraque deveniendum fuerit, nisi intervenientes seniores, et saniores viri, utrunque regem furore ebrium in suas ædes reduxissent. Quò cùm postridie ambarum partium studiosi convenissent, maxima apud omnes de pridiana contentione disputatio habebatur. Lacerabatur præcipue inter Nomina, regis Verborum maledicentia: major eorum pars, et juniores præcipue, mirum in modum fremere, malo domandam regis Amo loquacitatem dicere, docendumque illum amplissimam Nominum majestatem, nunquam contumeliæ fuisse opportunam. Et licet ætate provectiores, et Terentius

d'invectives : O tête scélérate ! s'écrie-t-il, quelle est la témérité ! oses-tu bien vomir contre nous de telles injures ! et saisissant une amphore, il allait, dans sa fureur, la lancer contre son ennemi, si l'un des convives n'eût arrêté l'effort de son bras. Il n'est que trop vrai, tant les esprits étaient irrités, que l'on était sur le point d'en venir des injures aux coups, que le sang eût coulé, si les anciens et les plus sages ne se fussent heureusement interposés, et, retirant doucement à eux les deux monarques, ne les eussent reconduits brûlans, ivres de colère, chacun dans leur appartement. Là se rendent dès le lever du soleil ceux qu'enflamme l'esprit de parti ; on dispute en tumulte sur les évènemens de la veille ; mais on déchire dans les groupes des Noms cette fureur de médire à laquelle s'abandonne le prince des Verbes. La plupart d'entre eux, et sur-tout la jeunesse, s'indigne et frémit ; chacun de dire qu'il fallait dompter par le supplice cette odieuse intempérance de sa langue, et lui apprendre que la majesté des Noms n'était pas accoutumée à se prêter facilement à tant d'invectives et d'opprobres ; et, quoique les anciens, et particulièrement Térence, qui se trouvait alors à la cour, représentassent qu'il ne fallait rien précipiter ; que le sage usait de conseil avant de tenter l'évènement des armes, on se porta

præcipue qui ibi tunc aderat, suaderent, nihil præcipitata sententia fieri debere, et omnia consilio prius, quàm armis sapientem experiri oportere: tantus nihilominus fuit omnium Nominum cum suo rege ad arma consensus, ut in eam frequenter sit itum sententiam, omnibus Verbis continuo bellum indici debere. Misso igitur tubicine ad regem Amo, inimicitias, bellumque manifestum confidentissimis animis denunciarunt.

Nec saniora quidem apud Verborum regem agitabantur consilia: ad quem convenientes suæ partis ordines omnes, longa disceptatione agebant de retinenda in Grammaticæ regno Verborum dignitate, deque deprimenda Nominum arrogantia. Cùm interim superveniens Poetæ regis nuntius, de bello quæ sibi mandata fuerant, diligenter exposuit. Enimverò læto se animo accipere illis respondentibus, ad belli cogitationes versi sunt omnium animi.

néanmoins avec tant de concert vers cet avis trop agréable au prince, qu'il fut décrété, à une immense majorité, que l'on romprait incontinent toutes relations d'amitié avec la nation des Verbes. On envoie aussitôt un trompette au roi *Amo*, pour lui dénoncer haine, hostilités, guerre ouverte.

Mais on n'agitait pas des conseils plus modérés sous les lambris du prince *Amo*. Il s'y était rendu en foule des membres de tous les ordres, de toutes les classes de l'Etat. On disputait longuement sur la nécessité de ne rien relâcher de l'antique dignité des Verbes ; il importait de rendre enfin au néant cette tourbe arrogante des Noms, lorsque l'on introduit soudain l'envoyé du roi *Poeta*. Celui-ci expose de point en point sa mission touchant le fait de la guerre qu'il est chargé de déclarer ; on accueille sa proposition avec des cris prolongés de joie : l'idée des combats a saisi tous les esprits.

Misit itaque Verborum rex tubicines et nuntios suos ad omnes nationes et gentes, quæ suo parebant imperio : jussitque ut cuncti armis idonei ad constitutam diem adessent. Omnium autem primus adfuit Adverbiorum dux Quando, cum centurionibus sex, videlicet, Ubi, Quò, Unde, Quà, Quorsum et Quousque [6] : quos sequebantur manipulares sui : et sub primo quidem hi erant, Hìc, Illic, Istic, Intus, Foris, Ibi, Ibidem, Sicubi, Necubi, Alibi, Aliàs, Aliubi, Usquam et Nusquam. Sub secundo, Huc, Illuc, Istuc, Intrò, Foras, Aliò, Nequò, Aliquò, Siquò, Illò, Eò et Eòdem. Sub tertio, Hàc, Illàc, Istàc, Alià, Aliquà, Nequà, Illà,

(6) Il ne paraît pas que le Verbe ait pris le soin de changer dans la disposition de son armée cet arrangement vicieux, *ubi, quò, unde, quà;* car l'ordre naturel était, *ubi, quò, quà, unde.* Il est possible que ce fût de sa part une faute de tactique, un de ces oublis qui font perdre les batailles ; et on verra même que les évènemens ne furent pas ce que semblaient promettre et ses forces et peut-être sa cause. Il est

Le roi des Verbes dépêche donc ses hérauts d'armes et ses courriers vers tous les peuples et nations qui reconnaissent son autorité; il fait publier que tout individu en état de porter les armes ait à se rendre à un jour qu'il détermine. Mais *Quando*, le chef des Adverbes, paraît le premier; ce guerrier est escorté des six centurions *Ubi*, *Quò*, *Unde*, *Quà*, *Quorsum* et *Quousque*, que suivent leurs manipulaires. Sous le premier s'avançaient *Hic*, *Illic*, *Istic*, *Intus*, *Foris*, *Ibi*, *Ibidem*, *Sicubi*, *Necubi*, *Alibi*, *Aliàs*, *Aliubi*, *Usquam* et *Nusquam*; sous le second, *Huc*, *Illuc*, *Istuc*, *Intrò*, *Foras*, *Aliò*, *Nequò*, *Aliquò*, *Siquò*, *Illò*, *Eò* et *Eòdem*; à la suite du troisième chevauchaient *Hàc*, *Illàc*, *Istàc*, *Alià*, *Aliquà*, *Nequà*, *Illà*, *Eà* et *Eàdem*; on entendait sur les pas du quatrième la marche pesante des *Horsum*, *Illorsum*, *Istorsum*, *Introrsum*, *Extrorsum*, *Detrorsum*, *Sinistrorsum*, *Alior-*

possible encore qu'il eût blessé, par cette négligence, le noble orgueil de ceux de ses braves qui prétendaient aux premiers rangs; faute qui fut, si l'on en croit l'histoire, si funeste au malheureux roi Jean, lors de la bataille de Maupertuis. Un grand général ne néglige rien, le génie saisit les moindres circonstances: c'est là ce qui fait, soit à la guerre, soit dans la paix, et les capitaines et les hommes heureux.

Eà et Eadem. Sub quarto, Horsum, Illorsum, Istorsum, Introrsum, Extrorsum, Dextrorsum, Sinistrorsum, Aliorsum, Aliquorsum, Sursum et Deorsum. Quintum sequebantur, Hactenus, Hucusque, Eousque, Usquemodo, et Usquenunc. Sextus centurio signum ferebat manu propria, ibatque medius omnium: ita ut duo præcederent ordines, ipse sequeretur, tres clauderent agmen.

Multa alia Adverbia antè currebant; quædam procedentium acierum tegebant latera: illa, itinera explorabant: hæc curabant ne ordines interrumperentur, quorum nomina hæc sunt, Peregrè, Ponè, Super, Suprà, Intrà, Extrà, Citrà et Ultrà, cum aliis pluribus.

Venêre post hæc alia Adverbia, qualitatis, quantitatis et numeri : cum quibus erant Adverbia jurandi, ut Ædepol, Enimvero, Ecastor, Mehercule, Mediusfidius et Profecto.

sum, *Aliquorsum*, *Sursum* et *Deorsum* ; le cinquième était suivi d'*Hactenus*, *Hucusque*, *Eousque*, *Usquemodò* et *Usquenunc*. Mais *Quousque*, le sixième centurion, se tenait vers le centre, portant lui-même sa bannière ; de sorte que les deux premiers rangs précédaient, et qu'après lui les trois autres rangs fermaient la marche.

Plusieurs autres Adverbes couraient sur le front, d'autres protégaient les flancs ; ceux-ci se répandaient en tirailleurs, ceux-là maintenaient l'ordre dans les rangs. Les fastes de Grammaire ne nous ont point laissé ignorer leurs noms : c'est le partisan *Peregrè*, l'intrépide *Ponè* ; c'est *Super*, *Suprà*, *Intrà*, *Extrà*, *Citrà* et *Ultrà*, suivis d'un grand nombre de soldats de leur arme.

Après eux se montre un gros d'Adverbes, dont les uns étaient de qualité, les autres de quantité et de nombre ; ils sont accompagnés de ceux qui, dans leurs terribles accens, respirent la fureur : tels les Adverbes de jurement, *Ædepol*, *Enimvero*, *Ecastor*, *Mehercule*,

Adverbia vocandi, ut Heus et O ; respondendi, ut Hem; ridendi, ut Haha, He; negandi, ut Minimè et Nequaquàm, qui quidem Nequaquàm, licet strenuus in bello esset, et diu exercitatus, omnium nihilominus mendacissimus habebatur, et fallax : nec nisi coactus verum fateri didicerat : hunc et Græci ὁλοφαντην appellant. De hoc Nequaquàm truci et mala bestia plura essent dicenda : quæ quoniam liberæ non sunt voces, volentes omittimus : id potissime persuasum habentes superfluum esse, lupum ovibus cavendum nuntiare. Omnia hæc Adverbia triplici muniebantur armatura : ferebantque pro scuto speciem, pro lorica significationem, pro ense figuram. [7]

---

(7) L'espèce est une division des choses contenues sous le genre, *partes generi subjectæ. (Sanct. lib. 1, cap. 5.)* Le discours a ses espèces, qui sont les mots; *quæ in species sive partes dividitur. (Prisc. lib. 2. de Orat.)* Ainsi le nom contient les propres, les appellatifs; le nom propre contient les prénoms,

Mediusfidius et *Profecto*; ceux qui savent rallier les combattans, et qu'on nomme Adverbes d'appellation, *Heus* et *O*; ceux qui répondent, *Hem*; qui savent rire même au milieu des dangers, *Haha*, *He*; qui nient impudemment, *Minimé* et *Nequaquàm*. Mais *Nequaquàm*, quoique brave et vieilli dans les hasards, était fourbe néanmoins et adroit menteur; l'ascendant seul de la force pouvait lui arracher la vérité. Les Grecs avaient eu avec lui quelques relations, et le nommaient ὁλοφαντην. On pourrait dire bien des choses de ce furieux, de cet Ajax; mais, comme il n'y a pas toujours sureté à parler des méchans, nous nous garderons de les rapporter, persuadés sur-tout qu'il n'est pas nécessaire d'avertir les brebis de se garder du loup. Tous ces Adverbes étaient couverts d'une triple armure, et portaient pour bouclier l'espèce, pour épée la signification, pour casque la figure.

surnoms, etc.; le surnom, ceux de nation, de qualité, d'évènement, d'accident du corps, etc.: *Tarquinius Collatinus*, *Cæsar Augustus*, *Papyrius Cursor*, *Scipio Africanus*, *Servilius Hala*, *Claudius Pulcher*. Les appellatifs ont leurs synonymes: *nepos, filius filii; vir, homo fortis*. Ainsi le verbe a ses

Multæ aliæ nationes Verborum
venêre in auxilium regis sui, videlicet

espèces : *currere*, *cursitare*; *rigare*, *irrigare*; et *immolare*, signifiant *mactare* et *percutere*. Fidelles à ces distinctions vraies en elles-mêmes, mais qui surchargeaient la science, et qui, en descendant de la distinction des espèces jusqu'à l'être, donnaient autant de règles que de mots, les grammairiens n'avaient fait autre chose que substituer des difficultés à d'autres difficultés, la confusion à l'obscurité. C'est cet abus que l'auteur du *Bellum* reprend, et qu'il poursuit par le ridicule.

Les significations deviennent les cuirasses des mots; elles sont en effet ce qu'ils présentent d'abord : mais un mot a plusieurs significations. *Sensus* signifie également *judicium* et *sensus corporeus*; *cernere* signifie *videre*, *judicare*, *constituere*, *adire solemniter hereditatem*, etc. L'auteur représente ces multitudes de significations, que l'usage apprend, que le goût emploie, dont les grammairiens avaient, au contraire, fait l'objet d'autant de règles positives, comme d'innombrables pièces de la cuirasse de ces guerriers; de sorte qu'un grammairien, retranché derrière cette armure, était à-la-fois et incompréhensible et inattaquable.

Figures, c'est-à-dire, formes différentes que reçoit le mot. On distinguait trois sortes de figures: simple, *magnus*; composée, *magnanimitas*; décomposée ou surcomposée, *superexcelsus*, de *super* et d'*ex*. Il en est de même dans les verbes : *fluere*, *effluere*, *superuffluere*; *tacere*, *conticere*, *conticescere*. Or sou-

Plusieurs autres tribus de la nation des Verbes vinrent se ranger sous les drapeaux de leur roi, savoir : l'indicative, la fréquentative,

tes les parties du discours, excepté l'interjection, reçoivent pour accident la figure, de même que l'espèce. Sanctius pense qu'il y a figure toutes les fois qu'il y a composition; par exemple, dans le mot *solitaurilia*, formé de *sus*, *ovis*, *taurus* : Priscien, au contraire, qu'il y a espèce seulement, et que l'on ne doit affirmer la figure que lorsque le mot change sur lui-même, ou par l'addition de terminaison, ou même de préposition, mais non pas, au contraire, par celle d'un autre mot ou diction. Ainsi il y a figure, dit-il, dans *magnanimitas*, qui se compose de *magnus* et d'un ajouté qui ne forme point un mot : il n'y a pas figure, au contraire, mais espèce seulement, dans *magnanimus*, qui se forme de deux mots distincts, *magnus* et *animus*. Le sentiment de Priscien paraît préférable; mais on voit par là à quelles futiles discussions de telles subtilités pouvaient donner lieu, et combien elles prêtaient à l'ingénieuse critique de l'auteur.

Il est d'autres figures connues des rhéteurs, mais qui ne seraient dans l'empire grammatical que d'illustres étrangères.

(8) Le mot *Verbe* vient, suivant les anciens grammairiens, et après eux Isidore, *ab aere verberato*; sous ce point-de-vue, il signifie encore un mot en général. Priscien définit le verbe, *une partie du discours qui signifie à l'aide des temps et des modes*; Sanctius,

natio indicativa, frequentativa, meditativa, desiderativa, invitativa, diminutativa et denominativa, cum copiis non spernendis.

Affuere etiam fortissimi satrapæ

un mot qui réunit des nombres, des personnes et des temps. La définition d'Aristote était plus inintelligible encore : « Ce qui signifie un temps, dont aucune » partie ne signifie séparément, et qui marque con- » stamment ce qui est dit d'une autre chose. » *Quod adsignificat tempus, cujus nulla pars separatim significat, et est semper nota eorum quæ de altera dicuntur.* (*De Interp. cap.* 3.) On en pourrait citer d'autres, et de cette nature ; mais Perizonius en a donné une satisfaisante : *Vox significans actionem, vel passionem, vel existentiam, varia per numeros et personas et tempora terminatione.*

Le Verbe a sous lui des générations multipliées comme le nombre des étoiles ; elles se divisent en familles, dans lesquelles il faut, pour en avoir la généalogie, remonter du primitif au dérivé, tel *curro*, *cursito*. Ainsi la terminaison du supin primitif, changée en *ito*, donne la famille des fréquentatifs : de *curro, cursum, cursito.* Rio, ajouté à ce supin, produit les méditatifs : *lectu, lecturio; amatu, amaturio.* Le supin lui-même, prenant les couleurs du verbe, se change en un sensible désidératif : *visum, viso,* je désire voir, dont l'opposé est *invisere*, haïr, désirer de ne pas voir. Le diminutif naît d'une légère mutation dans l'indicatif : de *sorbeo, sorbillo;* de

la méditative, et celles que l'on nomme désidé-
rative, invitative, diminutive et dénominative,
ayant toutes avec elles des forces imposantes.

On vit arriver encore ceux de la famille

garrio, garrulo. Notre langue française a ses diminutifs; mais elle en use avec une grande sobriété,
et dans le discours familier seulement. A l'aide de
ses diminutifs, au contraire, et de ses augmentatifs,
la langue italienne ajoute à ses mots les idées ou
figures du charme, de la grandeur, du ridicule.

La nation dénominative a une origine étrangère
à celle des autres verbes, et borne ses modestes
prétentions à descendre du Nom (*) ou de l'Adverbe :
de *patri*, *patrisso*; de *hieme*, *hiemisso*; de *græce*,
græcisso.

Mais la nation indicative tient à la race première ;
placée à la souche de l'arbre généalogique, elle croit
faire assez d'énoncer l'action : *curro*, *quiesco*, etc.,
et laisse aux branches cadettes le travail des modifi-
cations. L'invitative, *arcesso*, *accerso*, prend place
après elle.

Notre auteur a négligé néanmoins de nombreuses
tribus de ce grand peuple. Il ne dit rien, par exemple, des incoatifs, *quæ initium actûs vel passionis*,

(*) Il est des auteurs qui pensent qu'en effet tous les verbes viennent
du nom ; mais il faut croire que, dans le terrible débat dont nous
traduisons l'histoire, le Nom y croyait peu, ou que la tradition s'en
était perdue : autrement il n'eût pas manqué de s'en faire un moyen
accablant pour son adversaire.

Anomali [9], qui latè dominabantur in confiniis Grammaticæ : bellicosissimi quidem, sed qui nullo possent ordine contineri. Eorum nomina hæc sunt, Sum, Volo, Fero et Edo. Quibus concessum à rege fuit ut in quocunque castrorum vellent loco, sua figerent tabernacula, modò inter milites nullum tumultum concitarent.

Post hos advenit natio Verborum defectiva, distincta, et pulcherrimè per turmas ordinata, videlicet Memini, Novi, Cœpi et Odi. Item Vale,

---

etc., *tabesco*, *lucescit*; des laudatifs et vitupératifs, *celebro*, *reprehendo*; des verbes d'art, d'acquisition, décevans, *medeor*, *architector*, *illudo*, *accipio*, *illicio*; des superéminens, *impero*; des obséquieux, *pareo*, *famulor*; adoratifs, *colo*; interrogatifs, *rogo*, *stipulor*; funèbres, *lugeo*; hortatifs, précatifs, supplicatifs, séparatifs, *incito*, *obsecro*, *obtestor*, *divello*; et autres soigneusement recueillis par les grammairiens. Mais il craignit d'introduire le désordre et la confusion dans l'armée du Verbe, d'exposer ainsi au sort du faible Darius le fier monarque de l'action.

(9) Ce sont ceux que nous nommons irréguliers;

Anomale, satrapes redoutés par leurs forces, et qui étendaient au loin et jusqu'aux limites de l'empire leur domination ; guerriers pleins de bravoure, mais incapables d'observer aucune discipline. Et qui ignore ces noms fameux, *Sum*, *Volo*, *Fero*, *Edo* ? Le prince leur laissa la liberté de camper dans quelque lieu de ses retranchemens qu'ils jugeraient à propos, pourvu seulement qu'ils s'abstinssent de porter du trouble dans l'armée.

Peu après se présenta dans le plus bel ordre et distribuée par ses bannières, la race des Verbes défectueux, savoir : *Memini*, *Novi*, *Cœpi* et *Odi*; de même encore, *Vale*, *Salve*, *Aio*, *Inquit*, *Inquam*, *Faxo*, *Cedo*, tous armés et annonçant par leur contenance des

---

ils dédaignent les lois de la formation des temps. Ainsi *fero* fait *tuli*, contre la règle, qui veut que le prétérit se forme de la seconde personne de l'indicatif, en ajoutant ou retranchant ; il fait *latum* à son supin, au mépris encore de la loi qui le soumet à recevoir la figure du prétérit. Le titre de Satrape, affecté à la noblesse et aux gouverneurs asiatiques, semble assez leur convenir ; on sait en effet que les Orientaux gardent peu d'ordre dans les armées ; et l'on connaît l'antique manière de combattre des Scythes et des Bactriens. *Haud procul a bellicosissimâ Scytharum gente semper in armis errant.* (*Quint. Curt. lib.* 4.)

Salve, Aio, Inquit, Inquam, Faxo, Cedo : omnes armati, et ad pugnam animis præsentissimis. Quæ quidem sequebantur omnia Verba activa vestita in o, et passiva in or : neutra quoque cum deponentibus ; communibus et impersonalibus [10] : cuncta diversorum idiomatum et variarum linguarum, erantque armata generibus, temporibus, modis, speciebus, figuris, personis et numeris.

Congregato hujusmodi excitu, rex Amo omnes copias deduxit in latissimos campos Conjunctionum, in loco quodam qui dicitur Copula [11] : ibique

(10) Les verbes, considérés quant à la signification tirée de la figure, sont actifs, passifs, neutres, etc. ; les verbes communs signifient sous la même figure l'actif et le passif : *veneror te*, *veneror à te*.

Les déponens furent autrefois communs ; mais ayant laissé l'une de leurs significations, ils furent de là appelés déponens : *conspicor te*, et non plus *à te*.

(11) On sait que la conjonction est une partie du discours destinée à unir entre elles les autres parties ; elle diffère des prépositions, en ce que celles-ci s'in-

dispositions non équivoques. Enfin paraissent les Verbes actifs uniformés en *o*, les passifs qui avaient adopté l'*or*, les neutres et les déponens, les communs et les impersonnels ; tous de langues et idiomes différens, armés de genres, de temps, de mœufs ou modes, d'espèces, figures, personnes et nombres.

Amo ayant fait la revue de toutes ces troupes, les conduisit dans les plaines immenses des Conjonctions, vers un plateau dit *Copula*, et traça son camp non loin de la rivière des Disjonctives, nommée le fleuve *Sive*. Là il

corporent aux mots et les composent, comme nous le verrons. Il est plusieurs espèces de conjonctions ; et le lieu appelé du nom de la conjonction copulative ou copule, qui est la conjonction par excellence, car elle unit et les mots et le sens, fut heureusement choisi par le prince des Verbes, pour y former son armée en un corps qu'aucun effort ne pût rompre. Ce n'est pas sans raison encore que l'auteur représente comme d'une immense étendue les campagnes des Conjonctions ; elles sont couvertes en effet d'une population innombrable, où l'on remarque parti-

castrametatus est juxta flumen Disjunctivarum nomine Sive, divisitque omnia sua Verba in quatuor conjugationes, unicuique tribuens in castris proprium locum : exceptis quibusdam familiaribus Verbis, quibus injunctum fuit ut sarcinas ferrent Infinitivorum, quorum hæc nomina sunt, Incipit, Desinit, Debet, Vult, Potest, Jubet, Audet, Nititur, Tentat et Dignatur. Ultima omnium venêre in castra quædam Verba maximæ authoritatis, ut Pluit, Ningit, Fulgurat, Tonat, Fulminat et Advesperascit, trahentia post se cohortes fortissimorum militum suorum. Sed et Gerundia cum Supinis, relictis Nominibus, transfugêre ad Verba.

Audiens verò Nominum rex Poeta quanta contra se præparassent adver-

---

culièrement les familles copulative, continuative, subcontinuative, adjonctive, de cause, d'effet, approbative, disjonctive, subdisjonctive, disertive,

divisa ses forces en quatre grands corps ou conjugaisons, leur assignant à chacun une position particulière. On en excepta seulement quelques Verbes familiers, à qui il fut ordonné de porter par corvée le bagage des Infinitifs. Ceux-ci étaient *Incipit*, *Desinit*, *Debet*, *Vult*, *Potest*, *Jubet*, *Audet*, *Nititur*, *Tentat* et *Dignatur*. En ce moment des Verbes de la plus grande autorité faisaient leur entrée au camp : c'était *Pluit*, *Ningit*, *Fulgurat*, *Tonat*, *Fulminat* et *Advesperascit*, ayant à leur suite les cohortes choisies de leurs vassaux les plus distingués. On vit même les Gérondifs, dédaignant les Noms, passer et se rendre en transfuges du côté des Verbes.

Le roi *Poeta*, informé des forces que son ennemi avait rassemblées, et craignant d'être surpris et opprimé, s'il attendait dans l'inaction

présomptive, adversative, abnégative, collective, rationnelle, illative, dubitative et complétive.

sarii sui, veritus ne subita vi aliqua ingruente opprimeretur, si imparatus tantarum virium impetum expectaret, omnibus imperio suo subditis indixit, ut quamprimum fieri posset, armati et instructi pro viribus adessent : in cujus auxilium, utpote propinquiores, primi affuêre Pronominum duces, Ego, Tu, Sui, consanguinei ipsius regis, et ex eodem Arsacidarum [12] sanguine procreati, cum quibus erant Meus, Tuus, Suus, Noster et Vester, Nostras et Vestras, Ille, Ipse, Iste, Hic et Is. [13] Omnia autem Nomina di-

---

(12) Arsace, roi des Parthes, rendit sa mémoire si célèbre, que ces peuples appelèrent de son nom tous leurs princes, *Arsacides*, descendans d'Arsace; qu'eux-mêmes voulurent porter ce nom, qu'ils le reçurent des autres peuples de l'Asie.

Plus illa vobis acie quàm creditis actum est,
Arsacidæ.   (*Lucain*, ch. 1.)

L'auteur a-t-il voulu citer un proverbe répandu de son temps ? les Killiades d'Erasme ne nous l'ont point transmis. Peut-être fait-il allusion à l'ordre des armées de l'Orient, où la maison du prince et tous ses parens

l'effort d'une masse aussi imposante, se hâta de faire savoir à tous ses sujets qu'ils eussent à se rendre en armes et équipages auprès de sa personne. Les chefs des Pronoms, en qualité de princes de son sang, obéissent les premiers à son appel : on voit flotter les panaches d'*Ego*, *Tu*, *Sui*, tous nés près du trône, tous *du sang illustre des Arsacides*, marchant à la tête de *Meus*, *Tuus*, *Suus*, *Noster* et *Vester*, *Nostras* et *Vestras*, *Ille*, *Ipse*, *Iste*, *Hic* et *Is*. Or tous ces Noms étaient divisés en phalanges, distribuées elles-mêmes en autant de centuries, ayant leurs aigles ou enseignes affectées à chacune de leurs divisions. Les uns étaient primitifs, d'autres dérivatifs, quelques-uns relatifs ; ceux-ci possessifs, ceux-là nationaux. A leur troupe vinrent se joindre trois Articles,

marchaient ou combattaient à ses côtés. C'est ainsi que s'avançait contre Alexandre l'infortuné Darius. *Exiguo intervallo, quos cognatos regis appellant.... Proximum his agmen, soliti vestem excipere regalem, hi currum regis anteibant, quo ipse eminens vehebatur. (Quint. Curt. lib. 3.)*

(13) L'auteur entend parler ici des Pronoms ; il célèbre en effet plus loin la marche des Noms. Ce qui rend cette opinion probable, c'est que plusieurs grammairiens résistèrent à la distinction entre le nom et le pronom ; ils ne reconnaissaient que le

visa erant in plures cuneos, et sub
variis signis centuriata : aliqua quippe
erant primitiva, alia derivativa, aliqua
relativa, quædam possessiva, quædam
gentilia. Venêre insuper tres Articuli
pugnacissimi, et longo belli usu exer-
citati : primus erat Hic, hæc, hoc :
secundus Hic et hæc : tertius Hic et
hæc et hoc, qui speciebus, generibus,
numeris, figuris, personis et casibus
armabantur. Post hos duces magni
Relativorum, Quis, Quæ, Quod vel
Quid, eisdem se castris junxère, et
erant ii referendarii generales regis
Nominum in omni suo regno, cum

nom, auquel ils permettaient de prendre des dénomi-
nations diverses dans des fonctions différentes. Priscien regardait, par exemple, *qualis*, *quantus*, comme
de vrais noms, et Sanctius se rangeait de cet avis.
*Ita Aristotelei intelligunt, cum in voce nominis
pronomina etiam includi fatentur.*

Or les espèces sont les primitifs *ego*, *mei* ; les
dérivatifs, *meus* ; relatifs, les mêmes, joints à un
substantif, *sed Jupiter* ILLE *monebat* ; possessifs,
meus ; de nation, *nostras*. L'auteur a négligé les
démonstratifs, *vides* HUNC ; les subjonctifs, *Achilles*

grands chercheurs d'aventures, reconnus pour être exercés aux faits d'armes par de longues suites de combats : le premier est *Hic*, *hæc*, *hoc* ; le second, *Hic et hæc* ; le troisième, *Hic et hæc et hoc* ; portant chacun une armure étincelante d'espèces, de genres, de nombres, de figures, de personnes et de cas. A peine ils entraient au camp, qu'ils y sont suivis des guerriers *Quis*, *Quæ*, *Quod* ou *Quid*, chefs puissans des Relatifs, et référendaires généraux du roi des Noms ; ils ont charge de veiller à ce que tout se reporte à sa couronne. Avec eux étaient les Pronoms relatifs et les Pronoms substantifs, divisés en deux grandes catégories : celle de l'identité, celle de la diversité. Dans la première on comptait *Is*, *Suus*, *Ipse*, *Sui*, *Ille* et *Idem* ; dans la seconde, *Cæter*, *Alius*, *Reliquus* et *Alter*. Le chef des Relatifs acci-

filius Pelei is est qui vicit *Hectorem*. Il est vrai que ceux-ci ne tirent leur différence que de la manière dont ils sont employés, et l'auteur a dû penser que chacun d'eux n'était, dans cette multiplicité de services, qu'un même individu, qu'un seul et même soldat ; mais la distinction des simples et des composés n'était pas à mépriser. On pourrait rappeler encore celle des composés soit avec des noms, soit avec des prépositions ou d'autres pronoms : *hujusmodi*, *eccum*, *mecum*, *quisquis* ; celle des interrogatifs, et enfin le réciproque *sui*.

5.

quibus fuere omnia Relativa, et Substantiva, distincta in duas turmas, videlicet, identitatis et diversitatis. ¹⁴ In prima numerabantur Is, Suus, Ipse, Sui, Ille et Idem. In secunda Cæter, Alius, Reliquus et Alter. Princeps Relativorum ¹⁵ accidentium erat Qualis : cum quo militabant Quantus, Quot, Quotuplex, Quotenus, Quotifariam, Cujàs et Quigena. Venit etiam regina Præpositionum Ad ¹⁶ : cum qua erant Ab et In conjunctæ Nominibus casua-

(14) Nous avons parlé du pronom relatif; il se rapporte à un antécédent, qu'il rappelle : le substantif existe par lui-même, *ego*, *tu*, *ille*, etc. Le pronom d'identité est mis pour la substance même, *ego*; de diversité se rapporte à l'accident et aux qualités, *quantus*, *qualis* : et comme le pronom ne peut par lui-même représenter une qualité, on le regardait comme un mot composé; l'on trouvait, par exemple, dans *qualis*, *quæ entitas*, et dans *quantus*, *quis habitus*.

(15) Voyez la note ci-dessus.

(16) La préposition s'unit aux autres parties du discours, en se plaçant devant l'une d'elles, ou en s'y unissant ; elle exprime un rapport entre les

dens était *Qualis*; à ses côtés combattaient *Quantus*, *Quot*, *Quotuplex*, *Quotenus*, *Quotifarium*, *Cujas* et *Quigena*. La reine *Ad*, qui domine sur les Prépositions, se rendit au camp avec deux princesses de sa suite, *Ab* et *In*, toutes deux unies à des Noms de cas. Chacune de ces trois héroïnes commandait une cohorte d'amazones. Dans la première étaient *A*, *Ab*, *Abs*, *Cum*, *Coram*, *Clam*, *De*, *E*, *Ex*, *Pro*, *Præ*, *Palam*, *Sine*, *Absque*, *Tenus*, attachées au cas ablatif; dans la seconde, *Apud*, *Ante*, *Adversùs*, *Cis*, *Citer*, *Citra*, *Circum*, *Circa*, *Contra*, *Erga*, *Extra*, *Inter*, *Intra*, *Infra*, *Juxta*, *Ob*,

mots, elle les compose, ou les sépare. Les prépositions suppléent à l'insuffisance des figures ou terminaisons, pour exprimer les rapports des mots entre eux, ou rendre la nuance des diverses idées dont ils doivent être les signes. Elles sont plus multipliées, suivant que les langues sont moins parfaites. Le grec en a moins que le latin : il en est dont l'usage diminue tous les jours parmi nous.

Pourquoi l'auteur a-t-il décerné l'empire à la préposition *ad*? Serait-ce que *ex*, *super*, *ab*, *in*, et tant d'autres, auraient moins d'énergie? *Per* sur-tout pouvait le disputer; mais, outre que la reine *ad* se trouve composée de la première voyelle, elle a dans les plus anciennes grammaires *la possession de très-long-temps*.

libus : ducebantque secum tres phalanges strenuorum militum. In prima erant A, Ab, Abs, Cum, Coram, Clam, De, È, Ex, Pro, Præ, Palam, Sine, Absque, Tenus : servientes ablativo casui. In secunda fuère Apud, Ante, Adversùs, Cis, Citer, Citra, Circum, Circa, Contra, Erga, Extra, Inter, Intra, Infra, Juxta, Ob, Pone, Per, Propter, Prope, Secundùm, Post, Trans, Ultra, Præter, Supra, Circiter, Usque, Secus, Penes : omnes servientes accusativo casui. In, Sub, Super et Subter, serviebant utrique casui : ablativo scilicet et accusativo. Sub signis tertiæ phalangis militabant Di, Dis, Re, Se, An et Con : eratque eorum proprium officium compositionem facere in usum militum, namque tunc dies quadragesimæ erant. "17

(17) *Di*, *dis*, *re*, sont des prépositions ; et il a été dit, note précédente, que l'une de leurs destinations était d'entrer dans la composition : ainsi

Pone, *Per*, *Propter*, *Prope*, *Secundùm*, *Post*, *Trans*, *Ultra*, *Præter*, *Supra*, *Circiter*, *Usque*, *Secus*, *Penes*, attachées au cas accusatif. *In*, *Sub*, *Super* et *Subter* passaient alternativement des rangs de l'accusatif à ceux de l'ablatif. Sous la troisième aigle étaient *Di*, *Dis*, *Re*, *Se*, *An* et *Con*; elles avaient pour emploi principal de préparer des compositions pour le soldat : or on était alors dans les jours de la Quadragésime.

dirumpere; *discerpere*; *reperire*; *confirmare*. Mais quelle a été l'intention de l'auteur dans cette phrase, *Or on était alors dans les jours de la Quadragésime ?* Est-ce un trait de satire ? Mais il se montre uni au Saint Siége : *et præsertim sanctissimi Domini nostri*; etc. (Voyez à la fin.) On pourrait croire néanmoins, si des conjectures ne sont point, à cet égard, trop hardies, qu'ainsi qu'Erasme il goûtait en secret quelque chose des noùveautés, dont un grand nombre était contraire à l'abstinence et à l'institution du carême ; à moins qu'il n'eût voulu encore faire allusion à ces paroles de l'Ecriture : *Non in solo pane vivit homo, sed in omni verbo*, etc.

Atqui Nomina omnia in suas acies distributa, pulcherrimo ordine procedebant, videlicet substantiva, et similiter adjectiva, propria, appellativa et partitiva. Post quæ, comparativa, superlativa, possessiva, patronymica, gentilia, numeralia et multiplicia. [18] Singula eorum distinguebantur per declinationes quinque, scilicet primam, secundam, tertiam, quartam et quintam, quorum arma erant, species, genera, numeri, figuræ et casus.

His igitur omnibus in unum coactis, rex Nominum Poeta, copias et ipse suas deduxit in eamdem planitiem Conjunctionum : posuitque castra ab altera parte prædicti fluminis Sive, ita ut tantos exercitus unicus divideret alveus fluminis : unde et fiebat ut inter

---

(18) Les noms possessifs et adjectifs, formés d'un substantif auquel ils rapportaient la chose : *Evandrius ensis*, pour *ensis Evandri* ; *regna Plutonia*, pour *regna Plutonis*. Les noms à plusieurs significations, tels *cura*, pour *ardor*, *zelus*, *zelotypia*. L'auteur a

Mais il eût été difficile de surpasser l'ordre admirable dans lequel marchaient les Noms. On voyait s'avancer par corps séparés les légions des Substantifs, des Adjectifs, des Propres, Appellatifs, Partitifs, ayant après eux les Comparatifs, les Superlatifs, les Possessifs, les Patronymiques, les Noms de nation, les Noms de nombre, et ceux qui admettent plusieurs significations. Ils étaient distingués entre eux par leurs cinq déclinaisons, nommées chacune du rang qu'elles tiennent : la première, la deuxième, la troisième, la quatrième, la cinquième ; tous étaient armés de genres, d'espèces, de nombres, de figures et de cas.

Après avoir réuni ces différentes troupes en un seul corps d'armée, le roi des Noms les conduisit lui-même vers la plaine des Conjonctions ; mais il prit son camp sur la rive opposée du fleuve *Sive* dont nous avons parlé, de sorte que le lit étroit d'une rivière séparait seul de si grands intérêts et leurs fiers défenseurs ; ce qui donna lieu quelquefois à des affaires sanglantes entre ceux qui sortaient des

---

pu entendre encore par les mots *nomina multiplicia*, les noms qui se déclinent de plusieurs manières, ont plusieurs terminaisons, appartiennent à plus d'une déclinaison ; tels *domus*, ou *domi* ; *domui*, ou *domo*.

aquatores non levia interdum prælia inirentur. Nunquam tamen totis copiis in aciem descensum est, prohibentibus id utriusque partis regibus, quoniam necdum ad pugnam necessaria omnia parata intelligebant. Satagebatque uterque eorum Participium in suas partes traducere.

Erat verò Participium maximæ in tota Grammaticæ provincia authoritatis, et post reges, potentia et dignitate planè primus: qui in quamcumque partem cum suis viribus inclinasset, haud dubiè victoriam secum trahere posse videbatur. Quapropter non tam Verbum quàm Nomen, ut hunc sibi adjungeret, nihil intentatum prætermittebat. Præoccupans autem Nominum rex Poeta, hujusmodi ad illum literas dedit: Non arbitror te præterire, frater mi, quanta insolentia, quo animi tumore contra me, Nominumque dignitatem insurrexerit Verborum rex Amo, quave temeritate

camps pour y venir puiser de l'eau. On n'en vint jamais néanmoins à une affaire générale, tant les chefs avaient eu le soin de publier, de part et d'autre, des défenses sévères. Ils ne se croyaient pas en mesure encore, et chacun d'eux s'efforçait d'attirer le Participe dans son parti.

Or le Participe jouissait d'un grand crédit dans l'empire de Grammaire ; il ne reconnaissait au-dessus de lui, soit en puissance, soit en dignité, que les deux monarques. On savait que de quelque côté qu'il portât ses forces, il y fixerait les destins ; c'est pourquoi l'un et l'autre prince croyait ne devoir négliger ni caresses, ni négociations pour se l'attacher. Mais le roi des Noms, prévenant son ennemi, lui écrivit en ces termes : « Je ne pense pas que
» vous ignoriez, mon bon frère, avec quel excès
» de vanité s'est élevé contre moi et la dignité
» des Noms, le présomptueux *Amo*, prince des
» Verbes ; avec quelle impudente témérité il ose
» affecter sur nous le principal mérite dans la
» construction de la phrase. C'est cette injuste
» agression de sa part qui nous a mis, contre le
» vœu de notre cœur, les armes à la main : nous
» nous devions de briser tant d'orgueil, et de
» conserver ainsi qu'elle nous fut transmise,

conficiendæ orationis primas partes sibi usurpare præsumat. Propter quod, licet inviti, arma sumere et copias cogere coacti sumus, ut illius contusa superbia, authoritatem nostram illibatam conservare valeamus. Enim verò cùm optime scias quantum Nominum gentibus debeas, quæve ab illis acceperis beneficia, feceris pietate et fide tua dignum opus, si communem existimationem, communem rem, communes spes, nobiscum protecturus, cum tuis te legionibus nobis adjunxeris. Nam everso Nominum statu atque imperio, nihil est quod in Grammaticæ solo tutum tibi possis arbitrari. Vale, et quantùm potes, tuum festina adventum.

Scripsit verò et rex Amo ad Participium in hæc verba: Non me latet, amice charissime, solicitari te maxima instantia ab adversariis nostris, ut contra nos bellum gesturus, secum in campum descendas. Et licet pro tua pru-

» la prérogative de notre autorité. C'est pour-
» quoi, pénétré comme vous l'êtes de la sain-
» teté de vos devoirs envers notre glorieuse na-
» tion, et du souvenir des bienfaits dont nous
» nous plûmes à vous combler, vous croirez
» du devoir de votre piété envers nous, d'unir
» vos forces aux nôtres, pour la défense mu-
» tuelle de l'honneur, de la prospérité et des
» justes prétentions dont les intérêts nous sont
» communs; car vous ne devez pas croire que le
» pouvoir des Noms renversé, leur empire dé-
» truit, il puisse être pour vous quelque chose
» de sûr dans toutes les terres de Grammaire.
» Jouissez de la santé, et hâtez autant qu'il
» sera possible votre arrivée. »

De son côté, le prince *Amo* lui fit remettre
une lettre ainsi conçue : « Je suis instruit,
» mon grand ami, que mes adversaires vous
» sollicitent à prendre les armes contre nous,
» et à réunir vos forces aux leurs; et, quoique
» la haute idée que je me suis faite de votre
» prudence, m'assure assez que vous ne vous

dentia nihil temerè te gesturum confidamus, necessarium tamen duximus admonere et hortari te, ut mente reputes quæ à nobis habeas commoda, quanta ex Verbis dignitati tuæ fiat adjectio : et licet minutula quædam à Nominibus accepisse videaris, potiora, amplioraque nihilominus sunt quæ tibi à nobis tribuuntur. Justius itaque feceris, si non nos modo, Verborumque imperium, sed teipsum tuasque res defensurus, ad fœlicia [19] hæc nostra perveneris castra. Nam nec verisimile est, si succubuerimus, ipsos hostes à rebus tuis temperaturos, quin

(19) Les anciens mettaient et le camp et l'armée sous la protection de leurs dieux, dont ils portaient les simulacres dans leurs enseignes ; et ils en avaient de peintes, de sculptées, brillantes d'or et des plus riches couleurs : rien n'égalait la magnificence de ce luxe militaire et religieux. Ils les déposaient, en temps de paix, dans les temples, ou dans des édifices particuliers : *In sacellum ubi signa et imagines exercitus adorantur. (Herodianus.)* Ils les paraient et les parfumaient d'onguens précieux : *Signa illa pulverulenta.... inunguntur festis diebus..... Neque*

» arrêterez à aucune résolution sans y avoir mû-
» rement réfléchi, j'ai jugé à propos néanmoins
» de vous rappeler tout ce que vous rappor-
» tèrent de bon et d'utile vos liaisons avec
» les Verbes, et combien votre état s'accrut
» de notre munificence. S'il est possible que
» vous ayiez reçu de la part des Noms quelques
» légers biens, vous ne penserez pas qu'ils
» puissent être comparés avec les avantages
» plus grands et plus étendus qui vous vinrent
» de notre part. Vous agirez donc d'après des
» lois plus conformes à la justice, si, en son-
» geant à défendre non-seulement notre per-
» sonne et nos états, mais encore vous-même et
» votre fortune, vous ne tardez pas à vous ren-
» dre dans nos camps, que protègent les dieux.
» Il n'est pas vraisemblable que nos ennemis,
» si, ce qu'à Dieu ne plaise, ils venaient à
» triompher, s'abstinssent de tourner contre

aquilæ ornari, neque convelli potuerunt. (Sueton. Plin.) Ils leur offraient des sacrifices : *Prima cohors imagines imperatorum, id est, divina et præsentia signa venerantur.* (*Veget.*) Ainsi chaque armée voyait ses dieux dans ses enseignes ; ainsi les en-seignes des divers partis se mêlant dans l'action, les divinités semblaient aux prises. Homère anima de son génie ce grand tableau ; il y jeta la vie, il y fit entendre les gémisssemens et couler le sang des dieux.

victricia (quod Deus avertat) in te convertant arma, quò soli tandem in omni Grammaticæ solo pro effrænata animi libidine grassari queant. Vale.

Ambarum igitur partium lectis literis, aliam Participio mentem esse, alia moliri, diversa animo volvere. Cogitabat siquidem neutri se parti adhærere posse sine manifestaria rerum suarum pernicie. E contrario si se medium gerat, vel amborum servare gratiam, vel quod magis destinabat animo, utriusque res bellorum cladibus ita affligi posse pensabat, ut illis depressis, rerum ipse in Grammaticæ regno sine controversia potiretur. Verùm dissimulandas hujusmodi cogitationes censebat: ducendosque utrosque verbis, quoad certaminum eventum posset inspicere. Rescripsit itaque utrisque in hæc verba: Accepi literas vestras, illustrissimi reges, easque non sine ingenti animi dolore perlegi, audiens inter adeò conjunctos principes tanta

« vous leurs armes impunies, heureux de
» pouvoir se répandre seuls et sans frein sur
» toutes les terres de Grammaire, et d'y porter
» cette fureur de désordres et de dévastation
» dont ils sont animés. Adieu. »

Quand il eut lu ces lettres, le Participe tomba dans de grandes irrésolutions ; son esprit flottait entre différens partis ; il voulait et ne voulait plus, et roulait dans sa pensée des projets opposés. Il n'ignorait point qu'il ne pouvait, sans s'exposer à une perte inévitable, affecter la neutralité ; d'un autre côté, que, s'il parvenait à se maintenir entre l'un et l'autre parti, il se conserverait la faveur des deux chefs, ou plutôt, et cette idée lui souriait davantage, que les pertes et les calamités de la guerre les affaibliraient tellement, qu'il serait facile de les opprimer ensuite, et de s'élever sur leurs débris à la domination suprême : mais il sentait toute la nécessité de dissimuler, et qu'il fallait sur-tout les amuser par des paroles, jusqu'à ce que l'on pût juger des évènemens. Il leur répondit donc en ces termes : « J'ai reçu
» vos lettres, princes très-magnifiques, et je
» n'ai pu les lire sans être touché d'une vive dou-
» leur, apprenant qu'il se fût élevé entre deux
» monarques si étroitement liés, des divisions
» que nulles considérations ne peuvent plus
» contenir ; que vous êtes près de renverser

exorta dissidia, ut contineri minimè possitis, quin propria regna Grammaticæ tam celebre imperium cruentissimo bello sitis eversuri. Quæ vos occupant intemperiæ? Unde ea mentium alienatio? Per immortalem Deum, quò progrediamini, paululùm cogitate. Quantùm lætabuntur adversarii communes nostri ignorantiæ petulci habitatores, et Barbarismorum incompositi populi, intuentes hostium suorum vires mutuis dissidiis lacerari! Adjuro vos per Deos omnes, superos, medios, infimos, regredimini : abstinete funestis et abominabilibus armis : ne damnabili dominandi libidine, pulcherrimam totius orbis provinciam tumultibus et cladibus involvatis. Atqui si ita in fatis fuerit, si omnino obfirmati estis bello decernere, meum minime esse arbitror vestrûm alicui adhærere : partem quippe jurisditionis meæ capio à Verbo, partem à Nomine. Et cum utrique multum debeam;

» vous-mêmes vos propres états, et de cou-
» vrir de ruines cet empire si célèbre. D'où
» vient ce transport qui vous égare ? Par
» le Dieu immortel! à quels maux courez-
» vous? Pourrez-vous repaître du spectacle
» des déchiremens civils nos ennemis com-
» muns, les Barbarismes, cette nation gros-
» sière et sans mode? Je vous en conjure par
» tous les Dieux du ciel, de la terre et des
» enfers; retournez sur vos pas, éloignez vos
» mains du fer odieux, gardez-vous de ces
» armes funestes, et n'allez pas, dans la cou-
» pable ambition de dominer, étendre sur la
» plus belle province de l'univers un voile de
» deuil et de destruction. Ah ! si la colère des
» destins a décidé que la cruelle Bellone dût
» vous précipiter dans les combats, je ne
» pense pas qu'il m'appartienne de choisir
» entre vous, et de m'attacher à l'un pour
» la perte de l'autre ; je tiens du Verbe une
» partie de mon autorité, j'ai reçu l'autre
» du Nom. Uni à tous les deux par les liens
» de la reconnaissance, je croirai de mon de-
» voir de vous aider également l'un et l'autre
» de vivres et autres choses nécessaires à vos
» armées; mais je m'abstiendrai de tirer l'épée:
» il me suffira de distribuer sur ma frontière
» des cordons de troupes, pour en éloigner,
» autant que possible, la licence du soldat.

utrunque commeatu, aliisque ad victum rebus necessariis, quantùm potero, adjuvabo. Abstinebo autem armis, tantùmque ad id meas cogam copias, ne in hac bellorum licentia fines imperii mei aliquatenus possint devastari. Dent vobis Dii ut saniora cogitetis. Valete.

Licet verò hæc rescripserit, alebat nihilominus versipellis et vafer, quibus poterat modis, regum discordias: concitabatque occultis literis utriusque gentis animos ad pugnam, sperans ex eorum internecione facilem sibi aditum ad totius Grammaticæ imperium posse parari. Dieque quo milites sui ad se convenirent indicto, non contemnendas et ipse copias aggregavit. Affuêre in primis Desinentia in ans, et in ens, in tus, sus, xus, rus, et in dus: cum Nominibus verbalibus in tor, et in trix: et similia, quæ incolebant loca vicina Verbo et Nomini, Participio se adjunxêre. Sed et Gerundia, Supina,

« Puissent les Dieux vous inspirer des conseils
» plus salutaires ! je les prie qu'ils vous con-
» servent. »

Quoiqu'il eût écrit ainsi, le caméléon n'entretenait pas moins de tous ses moyens le feu de la discorde entre les chefs ennemis ; il aigrissait par des lettres secrètes les esprits dans les deux camps, espérant toujours qu'au milieu de leurs pertes communes, il se préparerait une voie facile vers le trône ; puis, ayant donné jour à ses soldats, il rassembla autour de lui des forces imposantes. Aux premiers rangs, en effet, parurent les Désinens en *aus*, en *eus*, *tus*, *sus*, *xus*, *rus* et *dus*, avec les Noms des verbes en *tor* et en *trix*, et autres de même nation, qui habitaient les marches communes du Verbe et du Nom ; mais les Gérondifs et les Supins, espérant se soustraire aux hasards de la guerre, transfuges de nouveau, passèrent sous ses drapeaux.

que, ut civilia bella declinarent, à Verbo iterum ad Participium transfugêre.

Rebus hoc pacto dispositis, quo se utrique parti Participium gratum exhiberet, destinavit utrisque munera pretii non exigui : et Verbo quidem primùm misit infra scripta, Neutrapassiva videlicet Gaudeo, Soleo, Audeo, Fio, Prandeo, Cœno, Juro, Titubo, Placeo, Nubo, Careo, Mœreo, Poto, Taceo et Quiesco. Nominum autem regi dedit desinentia in tor et in trix. Misit etiam pro pedamento exercitûs Verbo, plaustra centum præteritorum, præsentium et futurorum : camelos mille figurarum [20], simplicium, compositarum et decompositarum. Nomini verò per flumen Sive transmisit decem onerarias naves casuum nominativorum et genitivorum, et totidem numerorum et singularium et pluralium : multa-

(20) Voyez note 7.

Tranquille sur ces premières mesures, et tout au soin de se rendre agréable à l'un et à l'autre des chefs ennemis, le perfide leur destina des présens d'un prix considérable. Il fit donc partir pour le camp du Verbe tous les neutres passifs dont suit la liste, *Gaudeo, Soleo, Audeo, Fio, Prandeo, Cœno, Juro, Titubo, Placeo, Nubo, Careo, Mœreo, Poto, Taceo* et *Quiesco*. Il donna au roi des Noms des désinences en *tor* et en *trix*. Il envoya au roi des Verbes, pour former les palissades de son camp, cent chariots de prétérits, présens et futurs ; mille chameaux chargés de figures simples, composées et décomposées. Il fit embarquer pour les Noms, sur le fleuve *Sive*, une expédition de dix vaisseaux de transport, chargés de nominatifs, génitifs, de nombres singuliers et pluriels, et de plusieurs genres, savoir, masculins, féminins, communs et de tout genre. Toutes choses ainsi disposées, il se contenait dans ses limites avec ses troupes, épiant en silence la fortune.

que alia genera masculina, fœminina, neutra, communia, et omnis. Quibus peractis, continebat se cum legionibus suis intra proprios confines, expectans quonam inclinaret fortuna.

At bellicosi reges cùm abunde prælio opportuna præparassent, nihil cogitabant aliud, quàm ut ex præclara aliqua re, belli initia ordirentur. Accidit autem ut ex nobilioribus civitatibus totius Grammaticæ, duæ furto interciperentur à Verborum rege, videlicet A et U: nam in eam diem urbes omnes utrique regi suum stipendium exolvebant, nullam uni magis quàm alteri de cætero servitutem servientes. Quod audiens rex Poeta, eisdem artibus tres alias occupavit, scilicet E, I, O. Reliquæ civitates cautius invigilantes, sua servata libertate, utrisque se communes exhibuêre : quarum nomina hæc sunt, B, C, D, F, G, L, M, N, P, Q, R, S, T, X : ex quibus omnes Grammaticæ nervos constare

Mais les chefs, impatiens de combattre, après avoir tout préparé pour une action décisive, ne songeaient plus qu'à saisir l'heureuse occasion d'ouvrir la campagne par quelque coup d'éclat. Or il arriva que le roi des Verbes fit surprendre par ruse deux des principales places de l'état de Grammaire, savoir A et U; car dans ces temps les villes et cités de l'empire, soumises seulement à payer tribut aux deux rois, ne devaient pas être plus au pouvoir de l'un que de l'autre. A cette nouvelle le roi *Poëta* s'empara, par les mêmes moyens, des trois cités de la même ligne, E, I, O. Les autres places se gardèrent avec plus de précaution, et conservant ainsi leur indépendance, elles demeurèrent villes neutres, ouvertes à l'un et à l'autre parti. Leurs noms sont B, C, D, F, G, L, M, N, P, Q, R, S, T, X : on sait que le gouvernement de Grammaire tire d'elles et son nerf et sa vigueur. Elles donnèrent à chacun des rois deux diphthongues, pour faire auprès d'eux l'office de trompettes,

certissimum erat. De diphthongis binæ cuilibet regum datæ sunt, ut tubicinum officium exercerent : edoctæ quippe erant AEre ciere viros, Martemque accendere cantu. AE et OE, Nominum regi cessere : Au verò et Eu, Verba accepêre.

Sequebantur insuper utraque castra mulierculæ quædam mimæ, variis affectibus militum mentes afficientes: earum quædam flebant, et lamentabantur Grammaticæ communem stragem, quam imminere prospiciebant: ut Oh, Ah, He, et Heu, et Hei. Aliæ indignabantur, et carpebant regum discordias : ut Vah, Veh et Atat. Pleræque admirabantur inter tam conjunctas personas ea orta esse dissidia: ut Papæ, Vahu et Vha. Sed et quædam ob mentis levitatem gaudebant, hortabanturque milites in prælium : ut Eia et Evax.

Cæterum omnibus ad pugnam instructis, visum est Verborum regi,

Et dont l'airain cher au dieu de la Thrace ;
Echauffait la valeur et ranimait l'audace.

Enéide, liv. 6, trad. de M. Delille.

AE et *OE* furent donnés au Nom ; le Verbe reçut *Au* et *Eu*.

On entendait encore à la suite des armées quelques troupes de femmes habiles dans l'art de rendre et d'exciter les passions ; elles remplissaient l'ame du guerrier de divers mouvemens. Quelques-unes, telles que *Oh*, *Ah*, *He*, *Heu* et *Hei*, déploraient à grands cris la ruine commune et prochaine de l'empire de Grammaire ; d'autres exhalaient leur mécontentement, et frondaient hautement la conduite hostile des deux rois ; c'était *Vah*, *Veh* et *Atat*. La plupart s'étonnaient qu'entre deux princes si étroitement liés, se fussent élevées de telles dissentions ; de ce nombre étaient *Papæ*, *Vahu* et *Vha* : mais *Eia* et *Evax*, emportées par leur légéreté naturelle, se livraient à la joie, et encourageaient gaiement le soldat à bien faire.

Au reste, lorsque toutes choses étaient disposées, et que l'on était à la veille de l'action,

quo civiles clades, quantum in se esset, declinare videretur, honestaretque aliqualiter factum suum, hujusmodi regi Nominum epistolam scribere: Intelligere potuisti, ô Poeta, quàm paratus, quàm robustus tecum certaturus in campum descenderim: nec ignarus es, eas tibi minimè adesse vires, ut legionum mearum impetum possis expectare. Tuis prudenter consules rebus, si mihi cedens, tuis te continueris terminis. Quod si insanire pergas, statque sententia ferro decernendi, die tertia omnibus copiis tecum congressurus in campum descendam.

Has literas cùm Nominum regi dedissent tubicines Au et Eu, ex consiliariorum suorum sententia ita et ipse respondit: Semper tibi verborum est plus satis, ô Amo, nec novum est quod verbositate tua audientium aures obtundas. Jactas tu pugnaces exercitus, et tuos terribiles apparatus: quasi nos pumiliones, locustasve nobiscum ha-

le roi des Verbes, voulant paraître éloigner autant qu'il était en lui les malheurs civils, et mettre de son côté les apparences de la modération, crut devoir écrire en ces termes à son adversaire : « Vous aurez été informé,
» *Poëta*, des forces considérables que j'ai ras-
» semblées, avec quels soldats je suis prêt à
» marcher ; vous ne pouvez vous dissimuler
» que l'état de votre armée ne vous permet
» pas d'attendre le choc de mes légions. Ecou-
» tez les conseils de la prudence : reconnaissez
» mes droits, et tenez-vous dans vos limites.
» Que si vous ne pouvez renoncer à de folles
» prétentions, et que vous persistiez à vous
» mesurer avec moi, je vous donne deux jours,
» et le troisième j'irai vous combattre. »

Les trompettes *Au* et *Eu* ayant remis ces lettres, le roi des Noms, de l'avis de son conseil, répondit ainsi : « Vous avez toujours
» eu trop de verbe, ô *Amo !* et ce n'est pas
» chose nouvelle, si votre verbeuse proli-
» xité vient encore nous rompre les oreilles.
» Vous nous vantez le courage de vos guer-
» riers et vos préparatifs formidables, comme
» si nous n'avions avec nous que des fourmis
» et des sauterelles. Vous n'eûtes jamais dans
» le discours qu'un mince état, et la vanité

beamus." Possessio tibi parva fuit semper in oratione : et nunc eò te impulit tua insania, ut effugere nequeas quin male parta, pejus gesta, pessime retenta hac tua regni portione, justis armis ejiciare. Et ut scias quanti non tam ipse, quàm milites mei, minacias tuas faciamus, tubicines nostri Æ et Œ, nomine nostro, nudatos tibi lumbos porrigent. Si ut velim valeas, extremum valeas.

Hujusmodi literis, irritatis utrinque animis, futuri prælii diem ardentissime cuncti expectabant. Creverat interea ex temporum occasione (ut fit) facinorosorum licentia, exierantque latrunculorum non spernendæ manus: quæ omnem Grammaticæ provinciam,

---

(21.) *Pumilio* signifie simplement nain. Nous y avons substitué *fourmi :* ce mot semble conserver plus d'analogie avec l'idée de *sauterelles*, qui vient après. Les nains, d'ailleurs, ne pourront s'en plaindre On sait que la nation fourmi est le peuple souche des Myrmidons, vraisemblablement leurs aïeux. (Voyez

» de vos pensées vous conduira nécessairement
» à vous voir chasser de cette faible posses-
» sion, par vous si mal acquise, par vous
» plus mal régie, plus mal conservée encore ;
» et pour que vous puissiez vous faire une idée
» du cas que moi et les miens faisons de vos
» terribles menaces, mes trompettes *Æ* et *Œ*
» sont chargés en notre nom de vous montrer
» le derrière. Si vous vous portez comme je
» le désire, vous ne pourrez vous porter plus
» mal. »

Les esprits irrités de part et d'autre par de tels messages, tous attendaient en frémissant le jour du combat. Mais, dans cet état de troubles et de guerre, la licence des temps favorisait l'audace des mal-intentionnés, et il s'était formé de nombreux rassemblemens dont les bandes parcouraient indifféremment les possessions des deux princes ; elles occupaient sur-tout les gorges et les défilés des monta-

---

Dictionnaire de la Fable.) On aurait pu même se servir du mot *Liliputiens* ; mais ce grand peuple n'était pas découvert encore aux temps où l'auteur écrivait, et l'on pécherait contre les lois de la chronologie, en le faisant figurer dans la réponse du roi Nom.

et præsertim loca saltibus montibusque præpedita, quæ transeuntibus angustum iter præbere consuevêre obsidentes, viatores, aut alias in utraque castra commeatum ferentes prædabantur. Quapropter crescente in dies apud utrunque exercitum annonæ inopia, intellecta ejus rei causa, de utriusque regis consensu missi sunt duces quidam peritissimi cum militum opportuna manu, ut vel captos latrones interficerent, vel fugatos omni Grammatica procul expellerent. Qui ad ea pervenientes loca, circundato militibus quodam saltu, in quo plerosque ex illis latere compererant, omnes ad unum intercepêre. Inter quos fuit quidam nomine Catholicon [22], qui gran-

(22) Ce ne peut être le fameux Catholicon d'Espagne, appelé dans la Satire Ménippée *Hygiero d'Inferno*, et qui ne parut qu'environ 50 ans après. Etait-ce quelque autre fruit des ligues antérieures, soit contre Louis XI en 1464, soit contre Louis XII en 1512? Les historiens ne paraissent pas en avoir fait mention ; les mémoires n'instruisent pas davan-

gues, détroussaient les passans, se jetaient sur les convois destinés à approvisionner les armées. La disette allait croissant de jour en jour dans l'un et l'autre camp ; mais les chefs en ayant appris la cause, se concertèrent ensemble pour faire marcher contre ces brigands des capitaines habiles, à qui l'on donna des forces suffisantes, avec ordre de les détruire, de les chasser du moins des terres de la domination grammaticale. Ceux-ci étant parvenus aux lieux où ils se rassemblaient, et ayant environné une gorge où ils avaient appris que le plus grand nombre se tenait caché, ils les prirent sans qu'il en échappât un seul. On reconnut parmi eux un certain *Catholicon*, ayant avec lui un âne de forte stature, tout chargé de mots grecs et latins qu'il conduisait en Italie. Ils pendirent les autres ; mais ils se contentèrent de lier celui-ci, et le conduisirent au camp ; là on lui fit avouer dans les tourmens qu'il avait pillé, ce qui était assez

---

tage. Mais il paraît que plusieurs auteurs alors intitulaient de ce nom leurs écrits, assemblages volumineux de toutes sortes de compilations, comme voulant dire *Traités universels*. Le Catholicon dont il s'agit ici paraît avoir été un ouvrage de cette sorte. Un dominicain génois, nommé *Jean Balbi*, ou *de Janua*, ou peut-être *de Genua*, donna dans le 14.ᵉ

dem asinum vocabulis græcis latinisque confuse permistis, onustum in Italiam agebat. Et cæteros quidem cum laqueo necassent, hunc solum vinctum cum suo asino in castra duxêre. Qui tormentis coactus (quod alioquin manifestissimum erat) confessus est se omnia vocabula in Grammaticæ terris furto surripuisse. Cùm verò eum quis græcè interrogasset, ingenueque respondisset se græcè nihil scire, latinè autem parum, Quid ergo (inquiunt judices) græca tecum defers vocabula, quæ non intelligis? Ad quæ ille, Tanta apud nostrûm plærosque (inquit) literarum est imperitia, ut etiam si barbarè loquar, facile illis persuadeam me atticæ eloquentiæ angulos

---

siècle un *Catholicon*, *seu Summa grammaticalis* ; ouvrage rempli, disent les bibliographes, de toutes sortes de compilations, aujourd'hui très-rare, et qui fut l'un des premiers sur lesquels on ait fait des essais de l'art d'imprimer. Il parut en 1460. On y traitait particulièrement de la grammaire, et notre auteur

manifeste, cette énorme quantité de mots sur les terres de Grammaire. Mais quelqu'un l'ayant interrogé en grec, il confessa ingénument qu'il ne savait rien de cette langue, et très-peu du latin. Pourquoi donc, lui dirent les juges, te charges-tu de tant de mots grecs, si tu ne les entends pas? A quoi il répondit: Nous connaissons si peu, la plupart d'entre nous, les lettres, que, lors même que je leur parlerais welche, il me serait facile de leur persuader que j'aurais parcouru jusqu'aux plus petits recoins de l'Attique. Cette réponse ne fit pas peu rire les assistans. Et par Hercule! dirent-ils, puisque tu trouves des auditeurs si complaisans, tu emporteras vers eux tout ce qui t'appartient, ou dont les propriétaires ne se représenteront point, et il te sera permis de te retirer la vie sauve; mais, pour ce qui sera revendiqué, il est juste que tu le restitues tout présentement : à quoi nous te condamnons. On fit donc une diligente recherche dans toutes ses malles et ballots : il se trouva que presque tout ce qu'elles renfermaient de grec était le

***

écrivait sur ce sujet. Balbi s'était enrichi de traits et de passages empruntés ou pris de toutes parts ; et le mordant Guarna, sans faire assez attention peut-être au mérite du travail, se plait à lui arracher quelques plumes.

omnes penetrasse. Risére vehementius adstantes cuncti hoc audito. Et me hercule, inquiunt, quando tam faciles auditores habes, quæ tua sunt, aut quorum aliàs domini non comparebunt, tecum ad illos ferens, ibis incolumis : quæ verò certum dominum habere dignoscentur, ea ut restituas, dignum judicamus. Facta igitur diligenti inquisitione, omnia ferme græca Isidoro [23], cujus fuerant, restituere: cætera Latinis, et ipsis marcidis, mucidisque permista, ut asportaret permittentes, illum dimisére cum suo asino jam levius incedente : jubentes

(23) Il est plusieurs hommes célèbres de ce nom, et il parait difficile de désigner celui que l'auteur avait particulièrement en vue. On cite un Isidore de Séville, homme savant, auteur infatigable, et qui laissa des ouvrages curieux; mais ils ne se rapportent point à la controverse, ne sont point écrits en grec. Or l'auteur dit: *Omnia ferme græca Isidoro*, etc. Un autre Isidore, dit *Mercator*, a laissé une collection de canons long-temps attribuée au premier, et source de toutes les fausses décrétales. Ce ne peut être celui-là; l'auteur du *Catholicon* n'y aurait pas été

bien d'Isidore, à qui il fut permis de le reprendre. Le reste ne parut qu'un mélange de locutions latines, mais maigres ou enflées : on les lui laissa remettre sur son âne, qui commença de marcher plus légèrement. Il lui fut néanmoins fait défenses et inhibitions de plus oser à l'avenir se qualifier grammairien, si ce n'était parmi la gent peu instruite de ses auditeurs.

puiser. Un Isidore, dit *de Isolanis*, dominicain célèbre par ses opinions, contemporain de l'auteur, n'a point écrit en grec. Il y avait eu un Isidore de Cordoue, qui laissa un commentaire sur les rois; il y eut encore un Isidore, cardinal, qui écrivit sur la prise de Constantinople au 15.e siècle, où il se trouva. Les idées pourraient se fixer sur Isidore de Péluse, disciple de S. Chrysostôme, dont on a des lettres et plusieurs ouvrages en grec, et sur Isidore d'Alexandrie, ordonné par S. Athanase, dont il fut le défenseur contre les Ariens. Vient enfin Isidore le Grammairien,

nihilominus, ne unquam nisi inter imperitos et indoctos auditores suos, Grammaticum se profiteri auderet.

Priscianus [24], vir præstantissimus, et in omni Grammatica apprime honoratus, cùm ægreferens civilibus bellis Grammaticam devastari, seditiones sedaturus in castra festinus pergeret, à latronibus Catholicon sociis captus, spoliatus, ac fustibus pulsatus, tale in capite vulnus accepit, ut nullo unquam medicorum studio curari potuerit. [25]

(24) Priscien, célèbre grammairien, né à Rome; il professa à Césarée, et dédia ses livres à l'empereur Julien. Il vivait du temps de S. Jérôme. Guarinus rapporte qu'il possédait sept arts libéraux.

Il est cité parmi les princes de la grammaire, dans le Recueil de Putschius; et si Godefroy ne le comprend point dans son recueil, c'est qu'il s'est attaché à rassembler ceux qui étaient le plus mutilés, et qui avaient souffert davantage des injures du temps. « En ces escoles esparses en la ville, se lisoient les » lettres humaines, et aux grandes uns Priscien et » Aristote, celui-là comme fontaine de grammaire, » et cettuy-cy de la dialectique et philosophie. » (Pasq., Rech. de la France, liv. 9, chap. 13.) « Un » Guillaume de Champeaux, archidiacre de Paris,

Priscien, homme recommandable et d'un grand nom dans tous les états de Grammaire, vivement affecté de voir ce vaste et florissant empire se consumer par les guerres civiles, se rendait en hâte vers les deux armées, espérant qu'il pourrait rapprocher leurs chefs; mais, étant tombé dans un gros de ceux de *Catholicon*, il fut dépouillé, frappé, et reçut à la tête une blessure dont tout l'art des médecins n'a pu depuis le guérir. Quelque temps après on prit un de ceux qui l'avaient

» qui s'estoit rendu admirable en l'explication de
» Priscien. » (*Id.*, liv. *id.*, chap. 5.)
Ce grammairien, que peut-être devrait-on étudier encore, n'est cependant pas exempt de ces distinctions trop multipliées dont notre auteur se moque.

(25) J'avoue que je ne soupçonne point l'allusion. Il faudrait savoir si Priscien, lorsque ses ouvrages furent découverts, était incomplet ; s'il y manquait, ainsi qu'à Varron, plusieurs livres ; si l'on a essayé de rétablir ce qui y manquait ; s'il s'est élevé à cet égard des discussions entre les commentateurs. Ce travail exige des données, des recherches, du temps, et convient à ceux dont l'etude de la grammaire est la principale occupation. Je vois en tête de l'édition

8.

Ex his non multo post captus fuit quidam, qui se falsò historiographum pu-
blicè profitebatur, congesseratque in-
numeras in volumen quoddam inep-
tias, atque eum librum Supplementum
chronicarum [26] appellaverat : quem
quæstionibus omnia furta fateri coac-
tum, in Ignorantiæ terras perpetuò re-
legarunt.

Dum hæc agerentur, egressi ex Verborum castris quidam ex genere Ano-
malorum, videlicet Sum, Volo et
Fero, cum cohortibus tribus [27], in-

---

de 1527, un Donatus Veronensis, qui s'exprime ainsi :
*Prisciani Cæsariensis, cui planè inter grammaticos
primus ab omnibus locus concedi solet, scripta omnia quæcumque extant emendanda suscepi.* Peut-être
cette annonce aura-t-elle déplu à notre Guarna ; et
il aura eu en vue, soit ce qui lui aura paru une jactance de son contemporain, soit les vains efforts
de quelques autres commentateurs.

(26) On ne voit pas qu'il ait paru, dans le temps,
d'autres chroniques que celles de Monstrelet. Il y fut
fait des supplémens dont l'auteur est demeuré in-
connu. Ces chroniques commençaient à l'an 1400,
et s'arrêtaient en 1467 ; le supplément les continua

ainsi maltraité. Celui-ci, se donnant pour historien, avait entassé dans un gros volume un grand nombre d'inepties, et intitulé cette compilation : Supplément des Chroniques ; appliqué à la question, il confessa que le tout lui venait de pillage : on se contenta de le reléguer dans les terres de l'Ignorance.

Pendant que ces choses se passaient, trois guerriers, *Sum*, *Volo*, *Fero*, de la race des Anomales, sortirent du camp, chacun à la tête d'une cohorte, et surprirent un centurion du parti des Noms, dit *Cœter*, et de la famille

jusqu'à l'an 1498. L'ouvrage était encore moderne, lorsque Guarna mit au jour son *Bellum grammaticale*. Notre auteur aimait à mordre. Il est possible qu'il se soit plu à traiter le continuateur de Monstrelet, comme on traite à bon droit aujourd'hui le continuateur de Bossuet.

(27) On sait que les troupes romaines se composaient de quatre sortes de guerriers : les *vélites*, jeunes gens armés à la légère ; les *hastati*, *hastis pugnantes* ; les *principes*, guerriers dans la force de l'âge et *in principio aciei pugnantes* ; et enfin les hommes d'élite, *triarii*, tenant le 3.ᵉ rang, parce que les vélites ne formaient point une division, mais

tercepêre unum ex centurionibus Nominum, dictum Cæter, qui erat de genere Relativorum : latebatque cum
manipularibus suis in quadam spelunca
posita in bivio Conjunctionum Quòd
et Cùm, ipsumque cum omnibus suis
singularibus trucidaverunt. Plurales
verò in tali discrimine constituti, cùm
se magistri Pasquini [28] statuæ quæ Ro-

qu'ils étaient répandus dans chacune, où ils pre-
naient des leçons de bravoure et de discipline.

On formait de chacune des trois divisions, des
manipules, soit poignées d'hommes, soit ayant pour
enseignes, dans les premiers temps, des bottes ou
paquets d'herbes, de foin. Le manipule était composé de cent hommes, auxquels on ajoutait des vélites au nombre de vingt, ou davantage; ils étaient
commandés par deux centurions, afin que, si l'un
d'eux succombait, le manipule ne fût pas sans commandant. La cohorte se composait de quatre manipules ; elle était commandée par le primipile du premier. La légion, formée de dix cohortes, avait à sa
tête un tribun ; et l'armée marchait sous les ordres
d'un général, *imperator.* Cette organisation fut
invariable quant aux distinctions et aux dignités ;
elle changea quant au nombre. La légion était, sous
Romulus, de quarante manipules ou centuries.

(28) *Pasquin,* statue mutilée, sans nez, sans bras,

des Relatifs : il se tenait en embuscade avec ses manipulaires dans une caverne située à la réunion des deux chemins qui viennent du pays des Conjonctions *Quòd* et *Càm*. Ils firent main-basse sur tous leurs singuliers ; mais leurs pluriels s'étant recommandés à la statue de maître Pasquin, dans le Parion de Rome, près le palais du très-révérend cardinal de Naples, ayant fait vœu, de plus, de brûler devant un aussi grand saint un cierge d'un poids énorme,

sans jambes, qui se trouve dans le Parion à Rome. Les satiriques la faisaient autrefois s'entretenir régulièrement, tous les matins, avec son collègue Marforio. Celui-ci interrogeait, celui-là répondait ; et ses réponses, pleines de sel, quelquefois de cynisme, étaient l'amusement des méchans et des oisifs, et le désespoir de ceux qu'elles atteignaient. On conseillait à Alexandre VI de faire jeter Pasquin dans le Tibre : *Il crierait*, répondit ce prince, *et se ferait entendre plus fort que les grenouilles.*

On a pensé que Pasquin était le nom d'un artisan malin et spirituel, dans la boutique duquel se réunissaient les plaisans, et où l'on passait en revue les ridicules des grands et les fautes du gouvernement. A sa mort, le comité dispersé, ne trouvant personne digne de tenir le fauteuil du défunt, se réunit en faveur de la statue informe de Pasquin, dans le hideux de laquelle on trouva peut-être cet air sardonique qui convient au méchant. Chacun lui

mæ in Parione est, sub ædibus reverendissimi Cardinalis Neopolitani, grandem cereum oblaturos voto obligassent, ejus sancti meritis, præter omnium opinionem, incolumes evasêre.

Quod cùm Poetæ regi nuntiatum fuisset, iratus est vehementer, tulitque ægerrime quòd talem centurionem amisisset : erat quippe is Cæter fortitudine insignis, audacia celebris, et militaris rei peritia nulli secundus. Observabat igitur omni studio, si quo pacto acceptum damnum, bene cumulatum hostibus posset retribuere. Verum Fortuna, quæ cum omnibus in rebus plurimum potest, tum in bello planè dominatur, optimam læsis vindictæ præbuit occasionem. Nam eisdem diebus ab levis armaturæ militibus Nominum, captivi in castra ad-

sert désormais de secrétaire, en y placardant le brocard du jour.

Marforio vient, si l'on en croit les étymologistes, de *Martis forum*. Cette statue, déterrée en effet dans

ils furent conservés par sa faveur, et contre l'opinion de tous.

Le roi *Poëta* entra en fureur, en apprenant cette nouvelle ; il ne pouvait se consoler de la perte de *Cæter*, guerrier connu par sa force, osant tout, égal en renommée aux plus célèbres capitaines. Il épiait avec soin toutes les occasions de rendre à son ennemi la mesure comble des maux qu'il venait d'en recevoir, lorsque la Fortune, qui a tant de part aux évènemens, et sur-tout à ceux de la guerre, fournit à sa vengeance l'occasion souhaitée. En effet, ses bandes légères lui amenèrent, peu de temps après, plusieurs prisonniers qu'elles avaient faits sur les légionnaires, troupes de grande réputation, et parmi lesquels se trouvèrent *Dice*, *Face*, *Duce*, de la dynastie des Impératifs. Il leur fit aussitôt couper l'extrémité descendante de leurs vêtemens ; puis les renvoya, montrant ainsi ignominieusement à découvert

le champ de Mars, fut jugée, par sa laideur, digne d'être placée en face de Pasquin, et de lui adresser, placardées sur sa poitrine, les questions auxquelles celui-ci ne manquait jamais de répondre.

ducti sunt complures ex Verborum legionariis, non levis inter suos authoritatis : inter quos ex Imperativorum genere fuêre, Dice, Face et Duce : quibus, ignominiæ causa, posteriores vestium partes præcidi jussit, ita ut nudas nates conspicuas gererent, et dimitti : vocatique in posterum sunt Fac, Dic et Duc. Fuo et Specio similiter captos necari jussit. Quorum bona à Verborum rege accepêre eorum per rectam lineam legitimi descendentes : inter quos Futurus et Fui, cum aliis à Fuo oriundis : et à Specio, Conspicio et Despicio, cæterisque à Specio descendentibus.

Detecta est interim in castris Verborum grandis proditio. Conjuraverant enim quidam monstrosi milites de genere Præteritorum perfectorum, quibus bina erant capita, moliebanturque insidias Verborum regi : qui quidem capti convictique, damnati sunt perduellionis, sive criminis læsæ

la partie inférieure du dos ; de sorte qu'on ne les appela plus ensuite que *Dic*, *Fac*, *Duc*. Mais il fit mettre impitoyablement à mort *Fuo* et *Specio*. Le roi des Verbes partagea les biens de ces infortunés entre leurs descendans en ligne directe, *Futurus*, *Fui*, issus de *Fuo* ; *Aspicio*, *Conspicio*, *Despicio*, et autres hoirs de *Specio*, et procréés de son sang.

Mais on découvrit dans le camp des Verbes une trame alarmante. Quelques soldats de la classe des Prétérits, et qui formaient une race à part, nation monstrueuse dont les individus ont deux têtes, s'étaient conjurés, et méditaient des embûches contre leur prince, le roi *Amo*. Arrêtés et convaincus, ils furent déclarés coupables de lèse-majesté. Ces conspirateurs étaient *Momordi*, *Cecidi*, *Cucurri*, *Pepedi*, *Spopondi*, *Cecini*, *Peperi*, *Tutudi*,

majestatis. Nomina eorum hæc fuêre, Momordi, Cecidi, Cucurri, Pepedi, Spopondi, Cecini, Peperi, Tutudi, Pepuli et Fefelli. Quibus jussu regis, in præsenti tempore unum caput abscissum fuit : et sic, ubi prius in præsenti dicebant, Momordeo, Cecedo, Cucurro, postmodùm dixêre Mordeo, Curro, Cedo, cum cæteris.

Adveniente demum pugnæ die, uterque rex in eminentiore castrorum loco pallium rubrum poni jussit [29] : quo milites admoniti futuri prælii, curarent corpora, præpararentque arma, ac reliqua in id operis necessaria. Postridie summo mane pransis militibus, ex omni parte copiæ summo silentio in campum deductæ sunt : explicatisque

---

(29) C'était le signal accoutumé, et Justé Lipse en cite d'innombrables exemples. *Pugnæ signum præposuit, est autem tunica coccinea super tabernaculum imperatoris extensa. (Plutarch.) Perticam quæ undique conspici posset supra prætorium statuit, ex quâ signum eminebat. (Quint. Curt.)* Ils

Pepuli et *Fefelli.* Le prince se contenta de leur faire trancher une tête au présent, et au lieu qu'on les appelait auparavant *Momordeo, Cecedo, Cucurro,* on ne les nomma plus que *Mordeo, Cedo, Curro,* et ainsi des autres.

Le jour de l'action approchant enfin, chacun des deux chefs fit appendre au-dessus du lieu le plus apparent des lignes, un manteau rouge, afin qu'averti par ce signal, le soldat eût soin de se tenir en haleine, de mettre ses armes en état, et de pourvoir à toutes les autres choses nécessaires pour l'action. Le lendemain, dès le point du jour, les troupes ayant repu, on les fait sortir en silence des camps; on se déploie, on prend des positions; les chefs haranguent leurs soldats, et par des paroles pleines d'énergie, ils les excitent à se

---

avaient encore leur devise ou cri de guerre. Brutus avait pris *libertas;* César, *felicitas,* et Cyrus *Jupiter socius.* Le cri de guerre de la France était, sous les anciennes dynasties, *Montjoie-Saint-Denis;* aujourd'hui, *Dieu protège la France.*

ordinibus, suos quisque, ut viriliter agerent, efficaci oratione excitabat. Minimè verò opus erat accensos per se satis, verbis accendere : quin ipsi ultrò crispantes tela furibundi, incundi prælii signum expectabant. Postquam id actum est, tubæ utrinque canunt, contrà consonat terra, clamorem utrinque efferunt. Imperator utrinque hinc et illinc Jovi vota suscipere, hortari exercitum. Pro se quisque, id quod quisque potest et valet, edit; ferro ferit : tela frangunt. Boat cœlum fremitu virûm, et spiritu atque anhelitu nebula constat : cadunt vulnerum vi et virium utrinque multi. Videre erat inter cæteros defectiva Verba pugnantia cum Nominibus heteroclitis [30] : et hæc quidem, suis nominativis

―――――

(30) *Hétéroclite*, irrégulier, se dit, dans la grammaire, des verbes, de même que des noms, qui ne suivent pas, soit dans leurs conjugaisons, soit dans leurs déclinaisons, les règles de la grammaire ; et en morale, des hommes singuliers et bizarres. Il vient

montrer hommes. Mais il n'était pas nécessaire d'enflammer ces guerriers brûlant déjà de leurs propres haines. Furieux, haletant de rage, on les voyait tordre leurs traits. Leurs vœux appellent le signal. Mais la trompette sonne; la terre frappée répond à ses accens. On pousse des cris de part et d'autre; les généraux adressent des vœux aux dieux et des exhortations à leurs armées; le soldat s'élance, et fait pour vaincre tout ce qu'il sait, tout ce qu'il peut; le fer étincelle, les traits se brisent; les combattans frémissent, et le ciel mugit; les haleines fumantes, le souffle des poitrines opposées, remplissent l'atmosphère d'un nuage épais; les guerriers tombent de blessures ou d'épuisement. On voit sur-tout les Verbes défectueux aux prises avec les Hétéroclites: ceux-ci portent à leurs adversaires des coups redoublés de leurs nominatifs, de leurs cas, de leurs genres, de leurs nombres; ceux-là se défendant avec audace, agitent à-la-fois leurs indicatifs, prétérits, parfaits, plus-que-parfaits. Ils rendent aux Noms coups pour coups,

---

d'ετερος, autre, et κλένω, je décline. On ne doit pas confondre, soit les noms, soit les verbes défectueux, avec les hétéroclites Les premiers manquent de quelques cas, ou de quelques temps, mœufs ou figures; les autres ne suivent pas dans les figures les

casibus, et generibus, genitivis, numerisque pluralibus acriter feriebant adversarios : illi verò resistebant audacter, repercutiebantque Nomina heteroclita indicativis, præteritis perfectis et plus quàm perfectis, confringebantque eorum numeros, et genera conjugationibus suis. Ex quibus quidem Verbis unum, cui nomen Aio, singulari utens audacia, duorum Nominum heteroclitorum impetum diu sustinuit: verùm cùm resistere non potuisset, spoliatum fuit multis personis, modis, temporibus et numeris : remansèreque illi ex omnibus suis hi tantùm, Aio, Ais, Ait, Aiunt; Aiebam, Aiebas, Aiebat, Aiebant : cætera hostium gladiis cecidère.

Pugnantibus hoc pacto utrinque legionibus, atque adeò simul permistis, ut vix hostes à sociis possent discer-

---

règles ordinaires. *Cornu, genu,* noms défectueux; *domus, avernus, supellex, famula,* hétéroclites.

mettent en pièces leurs nombres, et soutenus par les conjugaisons, ils font voler en éclats leurs genres. L'un d'eux sur-tout, l'intrépide *Aio*, dont le courage était digne d'un meilleur sort, tint long-temps contre les efforts réunis de deux Noms hétéroclites; mais les destins l'emportent: il cède, privé d'une grande partie de ses personnes, mœufs, temps, nombres. Il ne lui reste plus que lui-même, et encore *Ais*, *Ait*, *Aiunt*, *Aiebam*, *Aiebas*, *Aiebat*, *Aiebant*: les autres sont tombés sous le fer ennemi.

Au milieu de ces terribles chocs, lorsque les guerriers mêlés, confondus corps à corps, se distinguaient à peine, telle fut la fureur, telle la préoccupation des ames toutes tendues

Memini, *odi*, verbes défectueux; *fero*, *malo*; verbes hétéroclites.

nere, tantus fuit omnium in prælium ardor, tanta animorum intentio, ut cùm eadem hora terribilis terræmotus in ea provincia vicinas urbes prostraverit, amnes cursu rapidissimo averterit, mare fluminibus invexerit, montes lapsu ingenti proruerit, nullus tamen eorum id senserit. Eant nunc qui fabulas censent hoc idem accidisse eo prælio, quo Romanos apud Trasimenum Pœni maxima ac memorabili illa affecerunt clade : nec fidem facit Cortona civitas, quæ, teste Luciano in libro de veris narrationibus, cùm priùs in Trasimeni litore sita esset, eadem hora, ventorum turbine, in eum collem, in quo nunc est, translata dignoscitur. Hoc novissimo exemplo maximum sibi certe veritatis testimonium accessisse Livius gloriari poterit.

Obscurabatur sol multitudine sagittarum Numerorum singularium et pluralium ; obtundebantur aures omnium

vers le carnage, qu'un violent tremblement de terre ayant ébranlé au même moment toute la province, renversé les villes voisines, égaré le cours des fleuves, et refoulé la mer jusqu'au sein de leurs ondes; renversé, fait crouler avec un horrible fracas les cimes des montagnes, aucun des combattans néanmoins n'en eut connaissance. Que l'on vienne donc traiter de fable le récit d'une semblable catastrophe, arrivée aux temps où, près de Trasimène, le farouche Carthaginois remporta sur les Romains cette victoire éclatante et si célèbre dans l'histoire; récit auquel n'avait pu obtenir créance le déplacement même de la ville de Cortone, qui, située auparavant sur la rive du lac, ainsi que le rapporte Lucien en son traité des histoires vraies, fut à la même heure, et par la même tempête, transportée sur cette même colline où nous la voyons de nos jours. Certes Tite-Live pourra s'applaudir de trouver dans l'évènement qu'a dû consacrer la fidélité de notre plume, une nouvelle preuve et un témoignage irréfragable de la vérité de sa narration.

Cependant des nuées de flèches et de javelots, lancés par les Nombres singuliers et pluriels, obscurcissent l'air; les cris confus des Figures

clamoribus Figurarum compositarum et decompositarum : vulnerabantur innumeri jaculis Specierum primitivæ et derivativæ. Sed et tubicines utriusque partis, clangore rauco, et terribili taratantara concinentes, militum animos in pugnam mirum in modum incendebant. Mulierculæque mimæ, Interjectiones scilicet, pugnantium ordines circumeuntes, cuncta suis affectibus perturbabant : ex quibus quidem frequentius audiebantur gementes illæ Heu et Hei, et Oh, Ah, Eh.

Atrox magis, quàm longum fuit prælium illud : et nisi coorta illa subitò tempestate, ingens superveniens aquarum vis pugnam diremisset, actum sanè fuisset de universis Grammaticæ viribus. Tanta nanque erat omnium in mutuam perniciem rabies, ut ingruente imbre, ac signo receptui dato, vix tamen atque ægre in castra reduci potuerint. Incertitudo et ambiguitas fuit maxima, penes quos ejus pugnæ

composées et décomposées retentissent aux oreilles étonnées ; les traits sûrs des Espèces primitives et dérivatives font par-tout d'innombrables blessures, et le son bruyant des clairons, en prolongeant dans les airs l'éclatante fanfare, continue à remplir le cœur du soldat d'une ardeur inépuisable. Les Interjections, ces femmelettes habiles à exprimer les mouvemens de l'ame, parcourent les rangs, et agitent à leur gré les combattans : on entend sur-tout gémir *Heu*, *Hei*, *Oh*, *Ah*, *Eh*.

Le combat fut moins long qu'atroce ; et si cette tempête soudaine que nous avons rapportée, n'eût amené à sa suite des nuages amoncelés dont les torrens enveloppaient le soldat, c'en était fait des forces entières de Grammaire. Telle était en effet la rage des deux partis, tel leur acharnement à s'entre-détruire, que l'effort de la tempête et le signal répété des trompettes rappelant le soldat dans ses retranchemens, ne l'y ramenaient qu'à peine. Mais il était impossible de dire dans lequel des deux camps s'était allé reposer la victoire. Des deux côtés la perte était immense ; des

victoria staret. Ingens utrinque clades, ingens cædes, ingens non tam militum, quàm ordinum apud utrosque duces, jactura. Nec facilè fuerit amborum detrimenta sermone complecti. Contendam tamen, ut posterorum consulam utilitati, si non omnium, multorum saltem, diminutiones, augmentumve, quantum potero, liquidè demonstrare.

Ex parte in primis Verborum, defectivum verbum Infit, amisit omnes ab eo descendentes, omnia sua genera, tempora, modos, personas et numeros qui fuerant conjugationis quartæ, figuræ compositæ, singularisque numeri. Ipse, Dei munere, quoniam in periculo positus, nullius se unquam religionis probatæ, improbatæve habitum sumpturum voverat, salvus evasit. Sed et tanto ex eo casu terrore perculsus fuit, ut postmodum in Grammaticæ regno prodire in publicum rarò sit visus. Forem spoliatus fuit rebus suis omnibus, præter Fores,

deux côtés ce n'était pas seulement des guerriers, mais des rangs entiers de combattans que la cruelle Bellone avait renversés ; et l'histoire ne pourrait suffire à recenser le nombre de ceux qui succombèrent dans cette journée. J'essaierai du moins, pour l'instruction des siècles, de raconter les pertes et les gains, diminutions et accroissemens, qui furent les suites de l'action.

Et premièrement, du côté des Verbes, le défectueux *Infit* vit frapper autour de lui ses nombreux enfans, et tomber les uns après les autres ses temps, ses mœufs, ses personnes et ses nombres, tous placés sous les enseignes de la quatrième conjugaison, dans la figure composée et du nombre singulier; lui-même fut près d'y perdre la vie : mais comme il n'avait point fait, dans le moment du danger, le vœu de circonstance, d'entrer dans aucun ordre approuvé ou non, il fut sauvé de ce terrible hasard par une faveur manifeste du Ciel : il lui en demeura néanmoins une telle impression de terreur, qu'on ne l'a vu que rarement depuis se montrer en public. Le guerrier *Forem* fut dépouillé, et il ne lui resta de tout ce qu'il possédait, que *Fores*, *Foret* et *Fore*, qui appartiennent aux mœufs optatifs

Foret et Fore, quæ sunt de modis optativis conjugationis tertiæ. Vale, Ave, Salve, de genere Imperativorum, grandem commilitonum suorum stragem, accepêre, paucis conservatis, qui et nunc comparent : alios amisêre. Faxo, ex eadem gente Activorum, omnibus suis manipularibus circa se trucidatis, cum tribus tantùm, videlicet Faxis, Faxit et Faxint, fuga elapsus evasit. Inquio, de genere Neutrorum, conservavit Inquis, Inquit, Inquiunt, Inquam, Inquies, Inquiet, Inquient et Inque : reliquos bellum absumpsit. Inquiens, cùm in castris Participiorum esset, periculo non interfuit. Apage et apagete, cunctis commilitonibus amissis, soli evasêre. Diet universos socios amisit, præter Diescit. Facio orbatus fuit filio suo Facior : qui tamen priùs quàm expiraret, militari testamento [31]

---

(31) Le testament militaire est affranchi des formalités; il suffit qu'il soit constant. Le tumulte des

de la troisième conjugaison. *Vale*, *Salve*, de la famille des Impératifs, virent la terre couverte des leurs : quelques restes de cette illustre race se montrent encore, les autres ont vécu. *Faxo*, de la même lignée, dans la branche des Actifs, avait fait retraite, suivi de trois des siens, *Faxis*, *Faxit* et *Faxint* ; les autres avaient mordu la poussière. *Inquio*, de la classe des Neutres, ne conserve qu'*Inquis*, *Inquit*, *Inquiunt*, *Inquam*, *Inquies*, *Inquiet*, *Inquient* et *Inque* ; la guerre a dévoré les autres. *Inquiens*, qui s'était retiré vers les Participes, ne se trouva point à l'action. *Apage* et *Apagete* échappèrent seuls de leurs nombreuses cohortes. *Diet* ne vit survivre de ses frères d'armes que *Diescit*. *Facio* pleura ce jour son fils *Facior* : ce jeune guerrier, avant de mourir, eut du moins le temps de faire un testament militaire, et *Fio* fut celui qu'il institua pour son unique héritier. *Posco*, *Disco*, *Metuo*, *Timeo*, *Renuo*, *Respuo*, *Compesco*, *Urgeo* et *Linquo*, tous de l'ordre des Actifs, perdirent leurs supins. *Occasum* ne dut son salut qu'à la faveur des premières ombres de la nuit. Il fut permis à des individus, qui n'avaient

camps exclut les formalités que l'on peut observer dans la chambre d'un mourant. Le privilège cessait

hæredem sibi instituit Fio. Posco, Disco, Metuo, Timeo, Renuo, Respuo, Compesco, Urgeo et Linquo, omnes de genere Activorum, perdidêre sua supina; Occasum, beneficio noctis, salvus evasit. Nonnulla verba quæ amiserant præterita sua tertiæ conjugationis, in supplementum accepêre postmodùm præterita quartæ conjugationis : in quorum numero fuere, Cupio, Peto, Quæro, Arcesso, Facesso et Fero. Quædam amissis futuris in am, ne futurorum omnino abjicerent spem, emerunt in nundinis [32] Recanatensibus alia futura in bo, ut Eo, Queo et Væneo. Sed et Horatius authoritate sua, Lenio dedit Lenibo. Omnia verba pertinentia ad splendorem spoliata sunt supinis : inter quæ

avec la cause, lorsque le soldat était retiré du service. Nos lois ont confirmé cette institution. (*Voyez Code Nap.*, titre des donat.)

(32) Allusion aux foires célèbres qui se tiennent dans cette ville. Elle est située dans la Marche d'An-

pu sauver leurs prétérits de la troisième conjugaison, de s'en procurer d'autres parmi ceux que la quatrième conjugaison pourrait tenir en réserve ; de ce nombre étaient *Cupio*, *Peto*, *Quœro*, *Arcesso*, *Facesso* et *Fero*. Quelques-uns, tels que *Eo*, *Queo* et *Væneo*, revenus sans leurs futurs en *am*, et ne voulant pas renoncer au bienfait de l'avenir, s'achetèrent dans les marchés de Recanati d'autres futurs en *bo*; mais Horace donna de sa propre autorité à *Lenio*, *Lenibo*. Tous les verbes qui reportent à *Splendor* leur illustre origine, furent dépouillés de leur supin ; on en cite *Luceo*, *Fulgeo*, *Splendeo*, *Polleo*, et autres de même nature ; mais l'audacieux *Fulcio* osa arracher aux destinées et sauva, malgré les Dieux, son vieux supin *Fultum*.

―――

cone. Plus les communications entre les états et les diverses parties d'un même état deviendront faciles, plus il sera possible que les foires perdent de leur utilité, et par conséquent de l'affluence qui les rendait célèbres.

Luceo, Fulgeo, Splendeo, Polleo et similia. Fulcio singulari usus audacia excussit periculum, et retinuit suum Fultum.

Enimvero postea quàm ea enumeravimus, quibus adversi aliquid evenit, minimè æquum fuerit suis carere laudibus illa Verba, quæ re strenuè acta, vel ex hostilibus spoliis, vel sui regis munere ad priorem statum aliquid addidêre. Inter cætera autem eminent Cœnatus, Juratus, Casus, Mœstus, Nuptus et Pransus: quibus ultra propria præterita vocis activæ, accessere etiam præterita vocis passivæ. Redimo duobus auctus est sensibus: possedit ea hora tria significata, videlicet liberare, conducere et ornare. Solor obtinuit duo significata, videlicet solus esse et hortari. Explicat, ultra proprium sensum, qui est explicare atque emittere, obtinuit ut explanaret, ostenderet, extraheret, exhiberet et proferret. Valeo, ultra

Après avoir passé en revue ceux que frappèrent les malheurs de cette journée, il est juste de recommander aux éloges de la postérité les guerriers qui, par de nobles efforts, s'accrurent des dépouilles de l'ennemi ou des récompenses du prince. *Cœnatus*, parmi tous, et *Juratus*, *Casus*, *Mœstus*, *Nuptus*, *Pransus*, doivent être cités. Pourvus déjà de leurs prétérits de la voix active, ils furent enrichis chacun d'un prétérit de la voix passive. *Redimo* obtint un accroissement de deux sens : il en possède trois aujourd'hui ; savoir, ceux de *Liberare*, *Conducere*, *Ornare*. Les paisibles domaines de *Solor* furent augmentés des significations attachées aux verbes *solus esse* et *hortari*. *Explicat*, outre ses deux significations propres, *explicare*, *emittere*, fut doté des attributions de *explanare*, *ostendere*, *extrahere*, *exhibere* et *proferre*. Il est permis à *Valeo* d'ajouter à son sens, qui est *sanus sum*, un autre sens encore ; de sorte qu'en disant *Vale*, il acquiert la force de *salutare*. *Præsto* reçut les propriétés de *mutuari* et d'*excellere*; mais *Haurio* eut au butin

proprium sensum, qui est sanus esse, obtinuit etiam ut cùm diceret vale, salutaret. Præsto, similiter, duos habuit sensus, scilicet mutuari et excellere. Haurio, majori ditatus est præda, quatuor videlicet significatis, trahere, vulnerare, audire et videre : quæ tamen omnia, cùm opus fuerit, in unum sensum rediguntur. Pasco geminos recipit intellectus, rodere et alere.

Vaco, licet minimè se prælio immiscuerit, (nam ut apud Plautum ait Sosia, Cùm pugnabant maximè, fugiebam maximè) Fortuna tamen, quæ et desides plærumque coronat, illius ignaviam pinguioribus exuviis voluit decorare : fugientes enim ex pugna hostium quosdam conspicatus, tabernaculo exiliens intercepit, quibus postea grandi se pecunia redimentibus, sex sibi, ultra priorem, sensus acquisivit, scilicet intendere, cessare, servire, superfluum esse, licere, ca-

une part plus abondante!: on lui donna l'investiture des quatre synonymies *trahere*, *vulnerare*, *audire* et *videre*. Ces différentes mouvances reconnaissent néanmoins, quand il devient nécessaire, le sens premier de leur chef-mot, et s'y réunissent. *Pasco* fut alimenté des deux significations *rodere* et *alere*.

Quoique le prudent *Vaco* se fût gardé des hasards, car il pouvait dire comme Sosie dans Plaute, *lorsqu'ils combattaient le plus, je me cachais davantage*, cependant la Fortune, complaisante quelquefois pour les moins braves, se plut à décorer sa lâcheté et l'enrichit de grasses et abondantes dépouilles; car ayant observé de derrière les tentes quelques fuyards, il fond tout-à-coup sur eux, et ceux-ci s'étant soumis à une forte rançon, il en acheta six propriétés, savoir, *intendere*, *cessare*, *servire*, *superfluum esse*, *licere*, *carere*, *vacuum esse*. *Studeo* fut récompensé des significations de *sollicitare*, *operam dare* et *conari*. *Pango* obtint de faire étendre à quatre sens les limites de son premier héri-

rere et vacuum esse. Studeo tria lucratus est significata, videlicet sollicitare, operam dare et conari. Pango tres sensus accepit, videlicet cano, et tunc in præterito facit panxi : paciscor, et tunc facit pepigi : et conjungo sive figo, et tunc facit pegi. Sapio, ex ea die binos tenet sensus, videlicet saporem reddere, et scire. Fero ex Anomalis, quatuor auctus est sensibus, sustinere, cupere, dicere et portare. Confiteor triplicem accepit intellectum, laudare, purgare et manifestare. Supero dati sunt sex, ob illius eximiam inter verba omnia potentiam, videlicet, restare, vincere, imminere, transire, evadere, supervivere et supergredi. Fuêre quædam verba quæ amissis propriis præteritis acceperunt postea à rege suo præterita quorundam passivorum, quæ in bello ceciderant : ut Audeo, Fido, Gaudeo, Soleo et Fio.

Verba illa pestifera, perniciosa, mendacia, aliud semper in lingua,

tage : il reçut donc en toute propriété *cano*; mais à la condition que dans ce sens il prendrait pour son prétérit *panxi*; *paciscor*, et au même temps il devra se servir de *pepigi*; *conjungo* ou *figo*, et alors il doit employer *pegi*. *Sapio* possède depuis ce jour les deux sens, *saporem reddere*, et *scire*. *Fero*, qui appartient aux Anomales, fut agrandi des quatre significations *sustinere*, *cupere*, *dicere* et *portare*. *Confiteor* mérita *laudare*, *purgare* et *manifestare*; mais on ne crut pas pouvoir offrir à *Supero*, verbe puissant et de la plus haute considération dans l'empire, moins des six acceptions, *restare*, *vincere*, *imminere*, *transire*, *evadere*, *supervivere* et *supergredi*. Quelques Verbes, à qui leurs prétérits avaient été mis en pièces, reçurent du prince ceux de quelques passifs qui avaient succombé : ces verbes sont *Audeo*, *Fido*, *Gaudeo*, *Soleo* et *Fio*.

Il est une nation pernicieuse et fourbe, son commerce est une calamité; chez ceux

aliud in corde clausum habentia, licet nullum lucrum eo fecerint bello, tamen prætereunda non sunt, nec eorum reticenda arbitror nomina, ut ab illis caveant cuncti, quoniam passionem continuè afferunt sub specie actionis: quorum hæc nomina, Exulo, Væneo, Nubo et Vapulo. Ultimi hujus insidias, adulescentiorum quisque quo fuerit cautior, eo enixius declinabit, si suis rectè consultum volet natibus.

Verborum aliqua ex parte exposita fortuna, Nominum res orationem ad se trahere videntur, in quorum castris diligenti omnium censu habito, cognitum est inter ea non minus, quàm inter Verba variasse fortunam. Et ut à Positivis incipiamus, fuêre ex illis nonnulla, quæ in comparativis suis sanciata, medicorum diligentia aliquale fomentum accepère: videlicet Melior, Major, Minor, Dexterior, Sinisterior, Plus, Munificentior et Magnificentior, omnia irregularia,

qui la composent la langue annonce un sens, la pensée en recèle un autre. Quoiqu'ils aient été étrangers aux avantages et aux récompenses, je veux cependant en parler, les montrer au doigt, pour que l'on apprenne à les redouter ; car ils ne cessent de cacher la passion sous les apparences mensongères de l'action. Qu'on apprenne donc à les connaître ; c'est *Exulo*, *Vaeneo*, *Nubo* et *Vapulo*. Ce dernier sur-tout tend à l'aimable enfance de cruelles embûches ; et plus le jeune commençant s'efforcera de s'en garder, mieux il saura consulter les intérêts d'une partie de lui-même dont l'honneur doit lui être cher.

Le récit des évènemens qui eurent lieu parmi les Verbes, nous conduit naturellement à parler de ce qui s'était passé du côté des Noms. Après avoir fait de tous un appel exact, on ne put se dissimuler que la fortune ennemie n'avait pas moins promené dans leurs rangs ses ravages ; et pour commencer par les positifs, plusieurs d'entre eux, grièvement blessés dans leurs comparatifs, reçurent néanmoins de l'art des médecins quelque adoucissement, et l'on parvint à leur adapter respectivement *Melior*, *Major*, *Minor*, *Dexterior*, *Sinisterior*, *Plus*, *Munificentior* et *Magnificientior*, toutes pièces fort irrégulières, toutes étrangères à la seconde déclinaison ; mais *Pius*,

et à secunda declinatione discedentia. Sed et Pius, Arduus, Egregius, Tenuis, et similia, perdidêre propria comparativa. Nomina desinentia in er, in superlativo amiserunt imus, et pro eo acceperunt rimus, ut Tener et Saluber. Quibusdam pro simus, qui spoliati fuerant, concessum est limus, ut Humilis, Facilis, Gracilis, Agilis, et similia. Veteri datum est veterrimus. Fuêre inter arborum nomina quædam, quæ dùm in prœlio viriliter agerent, derepentè miraculosè mutarunt sexum, et ex fœminis facta sunt masculina, mirantibus omnibus qui aderant, interrogantibusque unde illis accidisset illa tam mira metamorphosis: ex quibus sunt Rubus et Oleaster: quæ Livius ut monstrosa, et mali ominis, in altum vehi et mergi, aut Grammaticæ solo omnino exturbari suadebat. Verùm rex Poeta nimiam illius in procurandis prodigiis supersti-

Arduus, *Egregius*, *Tenuis*, et autres semblables, perdirent les leurs sans qu'il fût possible d'y remédier. Les Noms désinens en *er* eurent l'extrémité *imus* de leur superlatif abattue; mais on les restaura en *rimus*: tels furent *Tener* et *Saluber*. A quelques-uns, le *simus* ayant été emporté, on parvint à les faire croître en *limus*; tels *Humilis*, *Facilis*, *Gracilis*, *Agilis*, et semblables. *Vetus* reçut en indemnité *veterrimus*. Quelques noms d'arbres se battant avec un courage mâle, tout-à-coup, ô prodige! changent de genre, et d'un sexe faible ils s'élèvent à celui de l'homme; tels *Rubus*, *Oleaster*. Chacun était dans l'admiration, et tous leur demandaient à l'envi comment avait pu s'opérer cette étonnante métamorphose. Tite-Live, au contraire, les regardait comme des êtres marqués par la colère des Dieux, dévoués et de mauvais augure: il opinait pour qu'ils fussent embarqués et jetés à la mer, ou qu'on les chassât du moins de tous les lieux de l'obéissance grammaticale, qu'on en purgeât le sol; mais le roi *Poeta*, se moquant de cette crédulité superstitieuse qui lui faisait voir par-tout des prodiges, s'y opposa, en disant que ce ne pouvait être d'un mauvais augure, si ces noms étaient passés du sexe féminin au sexe masculin, puisqu'un tel

tionem irridens [33], prohibuit, inquiens non esse mali ominis fœminas in viros mutari, quando ex malo sexu in optimum fiat ista conversio. Quibusdam heteroclitis Nominibus, dum cum defectivis Verbis pugnarent, abscissi sunt omnes testiculi, cum pene in plurali numero (quem casum Deus à nobis avertat) deincepsque in quo numero neque fœminina fuêre, neque masculina, sed neutra, quod certè miseratione dignum fuit. Nomina eorum hæc sunt, Sibilus, Avernus, Infernus, Supparus, Balteus et Dindymus. Alia fœliciorem succes-

(33) On n'ignore point la scrupuleuse énumération que fait Tite-Live de tous les prodiges qui frappèrent à Rome un peuple aussi superstitieux que brave. Il fouilla l'absurdité des annales, interrogea les traditions les plus vulgaires : ce sont les eaux d'un lac qui s'élèvent subitement, et sans qu'il y eût eu de pluies abondantes; des voix et des hurlemens entendus dans les airs ; des pluies de pierre, et quelquefois de chair et de sang , dont les oiseaux se repaissent; un corbeau qui va se reposer sur la tête des dieux ; une chèvre qui nait avec de la laine ; des rats qui osent goûter des olives offertes aux dieux;

changement ne s'était fait que de la pire na‑
ture dans la meilleure. Les Hétéroclites *Si‑
bilus*, *Avernus*, *Infernus*, *Supparus*, *Bal‑
teus* et *Dindymus*, se trouvant aux prises
avec les Défectueux, furent (ce qu'à Dieu ne
plaise désormais) entièrement et honteuse‑
ment mutilés dans leur pluriel: dégradés à
ce nombre, ils ne s'y montrèrent plus ni
masculins, ni féminins, mais neutres, ce qui
les rendit généralement dignes de pitié. Mais
d'autres éprouvèrent des chances plus heu‑
reuses; car de neutres qu'ils étaient au con‑
traire à leur pluriel, ils y devinrent tout‑
à‑coup, et non sans un vif sentiment de joie,
du genre masculin: c'était *Porrum*, *Ras‑
trum*, *Frænum* et *Cœlum*. Mais *Porrum* et
Frænum, passant un jour à Rome par le

---

un bœuf qui monte à un troisième étage; des poulets
qui refusent de manger, ou ne dansent pas en man‑
geant, *tripudium*, etc. L'extrait des prodiges rap‑
portés par cet auteur, fournirait un volume. Mais
doit-on l'accuser de crédulité, ou plutôt d'une exa‑
ctitude trop scrupuleuse, et peut-être de trop de
déférence au génie de son siècle et du peuple pour
lequel il écrivait? Sa défense est encore dans la
manière même dont il les annonçait: *motis in reli‑
gionem animis, quod evenire solet, multa timore
credita et oleas prægustasse mures in prodigium
versum est.*

sum sunt sortita ; nam cùm in eodem plurali numero essent neutra, cum maximo ipsorummet gaudio continuò masculini generis apparuêre : ut Porrum, Rastrum, Frænum et Cœlum. Enimvero Porrum et Frænum, dum Romæ per emporium Agonis [34] transirent, reperta ibi sua neutra pluralia, grandi pecunia redemêre, illisque uti maluêre, masculino genere repudiato. Balsamum ex omnibus arborum nominibus solum remansit neutri generis : unde est quòd cùm nec generare, nec parere queat, tanta illius est raritas, ut unico in Judæo solo reperiatur. Id quod ipsa arbor ægrè ferens, in lacrymis omnem suum fructum mœsta reposuit.

Alia Nomina neutro plurali spoliata, fœmininum accepère : sicut Epulum,

___

(34) L'ancien cirque agonal, bâti par Alexandre Sévère, occupait le vaste emplacement nommé aujourd'hui la place Navone, qui en conserve encore la forme. On l'appelait, dit M. Vasi, agonal, du

marché de la place Navône, ils aperçurent leurs neutres que l'on avait exposés en vente, et les ayant rachetés à grand prix, ils les préférèrent ensuite à leur masculin. *Balsamum*, seul de tous les arbres, demeura réduit au neutre; d'où il est arrivé que, ne pouvant reproduire ni se perpétuer, il est devenu très-rare, et ne se trouve plus que dans la terre de Judée : là, déplorant son sort, il se fond en larmes, et ses larmes sont ses fruits.

Plusieurs autres Noms neutres, qui avaient eu leur pluriel emporté, tels *Epulum*, Os-

mot grec ἀγών, combat ; *Navone*, par corruption du mot *agone*. Mais ; comme on y donnait des naumachies, le mot *Navone* ne dériverait-il point plutôt de ναῦς, ou *navis*, vaisseau ?

Ostreum, Vesper et Cepe. Ostreo (quod ex omnibus animalibus solum reperitur neutri generis) Ovidius reddidit, et alii Poetæ, et præsertim Plinius, etiam plurale neutrum, cum dixit in libro Fastorum,

Ostreaque in conchis tuta fuère suis.

Et sic deinceps fœmininum etiam et neutrum tenuêre.

Aliis, quæ erant generis incerti, in plurali datum est masculinum, videlicet Margo, Cardo, Bubo, et similia. Quædam omnibus casibus in plurali spoliata, deinceps mutilata, et manca remansêre : inter quæ Fumus, Limus, Fimus, Pulvis, Sanguis, Mundus, Pontus, Sol, Sal [35] et Unus : quæ omnia sunt masculini generis. Soles tamen

---

(35) Nous avons *sales*; on le trouve dans Horace, *de Arte poeticâ*:

> At nostri proavi Plautinos et numeros et
> Laudavère sales.

treum, *Vesper* et *Cepe*, en reçurent en place dans le genre féminin; mais Ovide, lorsqu'il chantait ses fastes, ayant remarqué *Ostreum*, lui rendit son neutre, comme il paraît dans ce vers:

Ostreaque in conchis tuta fuére suis. (*)

Il fut imité par plusieurs autres poëtes et par Pline; et depuis, *Ostreum*, le seul des animaux que l'on trouve au neutre, eut le privilége de se montrer ou de ce genre, ou dans le genre féminin.

Un grand nombre qui étaient douteux, comme *Margo*, *Cardo*, *Bubo*, et semblables, reçurent au pluriel le masculin: quelques-uns, dépouillés à leur pluriel de tous leurs cas, demeurèrent mutilés et comme n'ayant plus qu'une moitié de leurs corps; ainsi *Fumus*, *Limus*, *Fimus*, *Pulvis*, *Sanguis*, *Mundus*, *Pontus*, *Sol*, *Sal* et *Unus*, tous du sexe masculin. On a vu paraître quelquefois néanmoins *soles*; mais, comme ce fait n'arrive jamais que contre les lois de la nature, il fut toujours regardé comme un prodige. De

---

(*) Et l'huître en sureté bâillait dans sa coquille.
DESAINTANGE.

apparuêre aliquando : sed cùm id accidit, contra naturam fuit, et pro prodigio habitum est. Similiter et fœminina nonnulla pluralibus casibus truncata sunt : unde versus :

Lux, sitis, labes, mors, vita, fames, quoque tabes,
Gloria, fama, salus, pax, humus, cum lue tellus.

Et cum illis senecta, juventa, soboles, indoles et proles. Quædam alia fœminina amisêre in eo bello omnem numerum singularem, scilicet Argutiæ, Habenæ, Bigæ, Blanditiæ, Cunæ, Deliciæ, Exequiæ, Exuviæ, Excubiæ, Phaleræ, Facetiæ, Genæ, Gades, Insidiæ, Induciæ, Calendæ, Lacrymæ, Latebræ, Minæ, et complura alia.

Nonnulla neutra toto plurali numero exuta sunt, ut Cœnum, Fœnum, Ævum, Solum, Pus et Virus. Insuper alia neutra totius singularis sui

même les Féminins *Lux*, *Sitis*, *Labes*, *Mors*, *Vita*, *Fames* avec *Tabes*, *Gloria*, *Fama*, *Salus*, *Pax*, *Humus*, *Lues*, *Tellus*, et même *Senecta*, *Juventa*, *Soboles*, *Indoles* et *Proles*, revinrent tronqués dans leur pluriel de plusieurs cas. Dans le même genre, *Argutiæ*, *Habenæ*, *Bigæ*, *Blanditiæ*, *Cunæ*, *Deliciæ*, *Exequiæ*, *Exuviæ*, *Excubiæ*, *Phaleræ*, *Facetiæ*, *Genæ*, *Gades*, *Insidiæ*, *Induciæ*, *Calendæ*, *Lacrymæ*, *Latebræ*, *Minæ*, et plusieurs autres, perdirent, sexe trop faible, leur singulier.

A quelques neutres, comme *Cœnum*, *Fœnum*, *Ævum*, *Solum*, *Pus* et *Virus*, la hache ennemie trancha le pluriel. D'autres essuyèrent la perte entière de leur singulier; de ce nombre furent *Arma*, *Castra*, *Exta*,

numeri jacturam sunt passa, scilicet Arma, Castra, Exta, Cunabula, Conchylia, Crepundia, Pascua, Mœnia, Magalia, Mapalia, Ilia, Seria, Præconia, Præcordia, Sponsalia : et ferè omnia nomina festorum, ut Saturnalia, Dionysia, Aphrodisia, Bacchanalia, Floralia, Neptunalia. Nomina ea vana quæ semper plura dicunt, et tamen unum solum significant, amisso omni singulari, fuga elapsa sunt: sicut Venetiæ [36], Pisæ, Cumæ, Athenæ et Thebæ. Nomina metallorum omnium, pluralem numerum amisére : ut Aurum, Aurichalcum, Argentum, Plumbum, Ferrum et Stannum. Æs vix æra retinuit: sed et Oleum, et Frumentum similem cladem accepére. Alia extremis suis membris, genitivis scilicet et

---

(36) On ne saisit pas facilement la pointe de cette phrase. Il n'y a rien d'étonnant que le nom d'une ville soit au pluriel; il en est plusieurs exemples. Une ville est un nom collectif ; elle annonce plusieurs. La plaisanterie est froide, et montre plus d'inten-

Cunabula, *Conchylia*, *Crepundia*, *Pascua*, *Mœnia*, *Magalia*, *Mapalia*, *Ilia*, *Seria*, *Præconia*, *Præcordia*, *Sponsalia*, et même *Saturnalia*, *Dionysia*, *Aphrodisia*, *Bacchanalia*, *Floralia*, *Neptunalia*, jours consacrés aux Dieux ; ils ne furent point épargnés par le soldat impie. Mais ces noms vaniteux, qui annoncent plusieurs êtres et n'en signifient qu'un seul, les *Venitiæ*, *Pisæ*, *Cumæ*, *Athenæ* et *Thebæ*, n'ayant pu défendre leur singulier, avaient cherché leur salut dans la fuite. *Aurum*, *Aurichalcum*, *Argentum*, *Plumbum*, *Ferrum*, *Stannum*, et tous les autres noms de métaux, repoussèrent en vain le glaive avide de leur pluriel. *Æs* parvint cependant à se conserver *æra* ; mais *Oleum* et *Frumentum* ne purent se soustraire au malheur commun. A *Jura*, *Thura*, *Aera*, *Maria* et *Fora*, l'ennemi coupa les extrémités de leur pluriel : ils restèrent sans génitifs ni datifs.

---

tion que d'effet. On pourrait supposer que l'auteur voulut faire sa cour aux puissances de l'Italie contre lesquelles Venise était alors en guerre. Peut-être était-ce une rivalité de nation, de la part du Salernitain,

dativis [37] pluralibus mutilata remansêre, videlicet Jura, Thura, Acra, Maria et Fora.

Sed nec omnia Nomina in eo bello jacturam fecêre : fuêre siquidem complura quæ spoliis hostium ditata, majorem exinde authoritatem obtinuêre : ex quibus quædam ultra primum nominativum, alium etiam adepta sunt, ut Arbor quæ et Arbos, Honor qui et Honos, Labor qui et Labos, Odor qui et Odos [38], Cucumer qui et Cucumis, Ciner qui et Cinis, et Pulver qui et Pulvis : quæ tamen ambobus nominativis non induuntur quotidie : sed quod conspicuum et ornatius est, et ex preda habuêre, ad dies reservant celebriores et festivos. Plaga ultra pri-

(37) Les noms masculins et féminins se déclinent ainsi au pluriel : Nom. *musæ*; dat. et ablat. *musis*; acc. *musas*; voc. *musæ*; les cas extrêmes seraient donc l'accusatif et le vocatif. Dans les pluriels des noms neutres, au contraire, c'est le génitif et l'ablat.; car ils se déclinent ainsi : Nom., acc. et voc. *templa*;

Tous les Noms n'éprouvèrent pas dans cette journée la fortune adverse ; plusieurs, au contraire, conquirent sur l'ennemi de riches dépouilles, et s'élevèrent à un rang, à une autorité qu'ils n'avaient pas encore obtenue ; un grand nombre s'anoblit par un second nominatif : ainsi *Arbor* se donna *Arbos* ; *Honor*, *Honos* ; *Labor*, *Labos* ; *Odor*, *Odos* ; *Cucumer* se fait appeler *Cucumis* ; *Ciner* prend *Cinis*, et *Pulver* s'intitule le plus souvent *Pulvis*. Ils ne prodiguent pas néanmoins leurs deux nominatifs ; mais ils réservent pour les occasions d'apparat celui qu'ils ont pris dans le butin, et qu'ils regardent comme le plus honorable et le plus imposant. *Plaga*, outre son sens primitif et propre, qui est *vulnus*, *percussio*, s'amplifiant de quatre autres significations, s'enveloppe de *rete*, de

gén. *templorum* ; dat. et ablat. *templis*. Il faut, surtout ici, dans les cas voir les figures.

(38) Ce mot ne se trouve guère que dans Plaute ; comme si le comique eût voulu lui-même s'en moquer.

mum significatum, quod proprium est dum vulnus, percussionemve significat, quatuor alios sensus accepit, videlicet ut pro rete accipiatur, pro spatio coeli vel terræ, pro linteo illo grandi quo Romanæ etiam nunc matronæ utuntur, dum in publicum prodeunt; pro lecto, et parte etiam ipsius lecti. Ops, ab ea die tres sensus habet : ops nanque terram significat : sub ope [39] auxilium præbet : sub opibus divitias.

Gerundia et Súpina, quoniam toties transfugerant, multata sunt post confectam pacem ab utroque rege, orante contra ea Demosthene, legesque Solonis proferente, quibus statutum fuerat omnibus patriæ honori-

―――――

(39) L'auteur n'attribue qu'à l'ablatif *ope* la signification *auxilium*; on la trouve cependant dans l'accusatif *opem* :

At puer infelix vagit, opemque petit. *Ovid. fast. lib. 6.*

On la trouve encore dans le génitif *opis* :

spatium cœli et terræ, se drape du manteau à longs plis, dont les dames romaines se couvrent encore de nos jours lorsqu'elles se montrent en public : ils s'attribue *lectum*, soit qu'il l'occupe en entier, soit qu'il n'en prenne qu'une partie. La riche *Ops*, depuis ce jour, se montre avec trois figures ; car sous *ops* elle signifie *terra*, dans *ope* elle est *auxilium*, *divitiæ* dans *opibus*.

Les Gérondifs et les Supins, qui tant de fois avaient passé d'un camp vers l'autre, furent mutilés après la paix, et par le concert des deux rois, et sur la proposition formelle de Démosthènes. Ce véhément orateur rapportait une loi de Solon, qui déclarait inhabiles aux honneurs et aux dignités de la patrie tous ceux qui, dans les dissentions ci-

Non opis est nostræ Dido, nec quidquid ubique est. *Virg. Æn.*

Il semble borner à *opibus* le privilége de rendre *divitiæ* ; on le trouve néanmoins dans *opes* :

Condit opes alius defossoque incubat auro. *Virg.*

12.

bus privandos esse eos, qui seditione in civitate exorta, neutri parti adhæsissent : quoniam privatis fortunis plus justo prospicientes, publicas patriæ res despexisse videbantur : et vivebatur tunc quidem ut plurimùm in Grammaticæ terris, Atticis legibus. Nomine igitur multæ Gerundiis casus omnes præter tres, adempti sunt. Supina verò duos tantum retinuêre, ægre id ferentibus universis Grammaticæ incolis, carpentibusque maledictis non tam legum Solonis indiscreta præcepta, quàm Demosthenis impiam loquacitatem : dicentibusque illum fascias et lanam domi reliquisse : nec gutturis morbum simulasse, quoniam à Gerundiis, Supinisve, non fuerat unde aurum, sicut ab Harpalo [40] quondam, posset accipere.

(40) « Peu de temps après, Harpalus s'en estant fuy
» du service d'Alexandre, se retira à Athenes, ...
» avec son or, son argent et ses gualeres ; les austres

civiles, auraient refusé de prendre un parti, plus soigneux de leur sureté particulière, qu'attachés au bien public, et annonçant qu'ils se mettaient peu en peine du salut de l'état. Or, dans ces temps, on vivait en Grammaire sous l'empire des lois attiques. Ils furent donc condamnés par forme d'amende, savoir, les Gérondifs, à la perte de trois de leurs cas; les Supins, à un démembrement plus considérable; et il ne leur en fut laissé que deux. Ce jugement ne reçut pas, soit à la cour, soit à la ville, une approbation générale; et si l'on n'alla point jusqu'à censurer les lois du sage Solon, on traita d'impie la foudroyante éloquence de Démosthènes : on ne craignit pas de dire hautement que ce jour il avait laissé chez lui ses cataplasmes et ses compresses, et que, s'il ne lui était pas arrivé de feindre une esquinancie, c'est que les Supins et les Gérondifs n'avaient pas eu, comme Harpale, les heureux moyens de lui fermer la bouche avec de l'or.

» orateurs haletants après l'or et l'argent qu'il avait
» apporté, commencerent incontinent à parler pour
» luy, et à conseiller au peuple de le recepvoir; . . . .

Cæterum si singulorum clades, aut rei bene eo prælio gestæ adepta decora sigillatim percurrere nitar, nimis longos afferam λόγους. Ideo dicendi compendium faciens, illud asseruisse sufficiat, quicquid in omnibus Grammaticæ terminis auctum, diminutumve reperitur, ex illo cruento, execrabili et funesto bello processisse. Multa sunt in ea temporum licentia et introducta verba nova, et explosa vetera. Et nisi præstantissimi tres viri quos paulo infrà harum litium arbitros electos fuisse

» mais Demosthenes au contraire conseilla premie-
» rement de le chasser hors de la ville, et se guarder
» bien d'entrer en guerre pour une cause qui non-
» seulement n'estait point necessaire, ains estait da-
» vantage injuste.
» Mais quelques jours après, comme l'on faisoit
» inventaire de ses biens, Harpalus voyant qu'il
» prenait plaisir à reguarder une couppe du roi, ...
» la luy fict soubspoiser...... Demosthenes......
» s'esmerveilla du poids qui estoit grand, et demanda
» combien de poids elle emportoit : et Harpalus en se
» riant luy respondict elle t'emportera vingt talents
» [douze mille écus] : et si-tost que la nuict fut venuë
» luy envoya la couppe avecques les vingt talents....

Du reste, si j'entreprenais de rapporter par énumération et les pertes de ceux-ci et les glorieuses distinctions que méritèrent ceux-là, j'entraînerais mes lecteurs dans de trop longs détails : qu'il me soit donc permis d'abréger, et qu'il me suffise de dire que tout ce qui se trouve aujourd'hui d'augmentation chez les uns, de diminution chez les autres, remonte à l'époque funeste de cette guerre sanglante et justement abhorrée. La licence des temps y donna entrée à plusieurs mots sans aveu, en fit rejeter plusieurs d'une antique origine ; et si trois personnages recommandables, que nous aurons bientôt occasion de nommer, n'eussent su résister à la pétulance de quel-

---

» Et le lendemain au matin s'en alla [Demosthenes]
» en l'assemblée du peuple, ayant le col tout enve-
» loppé de laine et de bandes ; et comme on l'appe-
» lait par son nom à la tribune aux harangues,....
» il feit signe de la tête qu'il avoit la voix empeschée :
» ..... mais les gents de bon entendement. .....
» disoyent que ce n'estoit pas une squinance qui luy
» avoit estouppé la nuict le conduict de la voix ,....
» mais que c'estait l'argent qu'il avoit receu de Har-
» palus. » (Plutarq. vies des hommes illustr., trad. d'Amyot.)

L'on disait encore que ce n'était pas une *esquinancie*, suffocation des humeurs, mais *esquilancie*, suffocation de l'or ou du présent.

narrabimus, singulari solertia Grammaticorum quorundam petulantiæ obviassent, tanta fuisset Latinæ linguæ immista barbaries, ut de illius decore, elegantiaque ferè desperatum foret.

Posteaquam igitur utriusque partis legiones in castra reductæ sunt, desideratorum, sauciorumque censu habito, intellecta utrinque accepta clade, omnes passim ingemuêre: questique acriter sunt, quòd nimia dominandi libidine, rebus propriis tantam cladem intulissent: et pœnitentia ducti, quisque eorum, quæ pacis sunt, enixius cogitabat. Primùm verò rex Nominum Poeta, advocata concione, non sine lacrymis, ita locutus perhibetur: Scire vos arbitror, commilitones mei, quàm invitus, ac restitans pro decore, proque amplitudine (ut tunc arbitrabar) et Nominum tuenda authoritate, contra fratres nostros, Verborum gentem arma susceperim: quantisque sategerim modis, ut illis

ques grammairiens brouillons, tant de barbarie allait se mêler au charme de la langue latine, que c'en était fait à jamais de son élégance et de sa politesse.

Mais, après que les chefs eurent fait rentrer leurs armées, qu'ils eurent terminé le pénible recensement et des morts et des blessés, qu'il ne fut plus permis de douter de tous les maux auxquels on s'était exposé, ce ne fut de toutes parts que des cris confus et des gémissemens ; on se reprochait avec amertume d'avoir pu écouter cette fatale passion de dominer, devenue la source de tant de calamités, et le repentir avait fléchi tous les esprits, toutes les pensées vers la paix. Le roi *Poëta*, le premier, ayant fait convoquer l'assemblée, on rapporte que, mouillé de larmes, il s'exprima ainsi : *Je
« pense que vous n'ignorez pas, ô mes
» compagnons! que je n'ai entrepris cette
» guerre que contre le vœu de mon cœur,
» qu'après y avoir été forcé pour la défense commune, et même pour l'affermissement, du moins je le jugeais ainsi, de
» notre dignité, dignité odieusement compromise par la nation des Verbes nos frères.
» A combien de tempéramens n'ai-je pas eu

nobis cedentibus, civilia bella longius submoverem. Verùm cùm non tam nostra, quàm Verborum etiam metior damna, cùm utriusque partis strages intueor, flere libet magis quàm loqui. Operæ pretium fuerat reminisci, quæ de Græcorum Romanorumque civilibus odiis, bellisque scripserint cives nostri, quantisque eorum ambitionem laceraverint probris. Profectò ea si in mentem venissent, nunquam in tantam insaniam à nobis processum fuisset : nec ita et furore obcæcati, quid ageretur non intelligentes, nostramet viscera propriis manibus discerpsissemus. Sed præterita (ut ille inquit) magis reprehendi possunt quàm corrigi : et melius est regredi, quàm malè cœpta sequi. Si ferro decernere perrexerimus, si in finem usque insanire voluerimus, actum sanè est de Grammaticæ imperio : tantaque Ignorantiæ et Barbarismorum genti fiet accessio, ut nemine obstante, nemine

» recours pour les amener à se désister de
» leurs prétentions, à éloigner ainsi de notre
» patrie le fléau de la guerre civile ! Mais,
» lorsque j'envisage, non pas tant nos maux
» que ceux qui les accablent, que je réfléchis
» sur les pertes déplorables auxquelles n'a pu
» échapper, soit leur parti, soit le nôtre, je
» me sens moins la force de parler que de
» m'abandonner à mes larmes; il fallait nous
» ressouvenir de tout ce qu'avaient écrit nos
» auteurs, touchant les discordes et les guerres
» civiles des Grecs et des Romains, de quels
» traits de honte, et je dirais d'infamie, notre
» austère censure avait autrefois noté leur
» coupable ambition. Sans doute, si ces sa-
» lutaires leçons se fussent retracées à nos
» esprits, nous ne nous fussions pas laissés
» aller à tant de délire, et nous n'eussions
» pas, aveugles et furieux, déchiré de nos
» propres mains nos entrailles; mais il est
» plus facile, comme l'observe le sage, de
» condamner le passé que de le réparer,
» et il vaut mieux retourner sur ses pas
» que de poursuivre des projets inconsidéré-
» ment conçus. Que si nous persistons à
» aiguiser le fer, à nous livrer jusques au
» bout à nos haines insensées, c'en est fait
» de l'empire de Grammaire : bientôt accrues
» de nos pertes, les nations sauvages des

eorum temeritati obviam eunte, ubique ipsi pro animi libidine dominari valeant. Quocirca, commilitones, ut utriusque regni utilitati consulatur, ultrò à Verborum rege pacem petendam censeo, ultrò dextras porrigendas. Neque hoc dixerim quòd labar animo, quòd timore concutiar : sed quoniam luce clarius cerno, res nominum Verborumque non sine mutua, stabili et inconcussa animorum concordia posse consistere. Fungor ego officio meo, ea adducens quæ communem salutem concernere minimè dubito : audacter nihilominus, quod volueritis, executurus. Vos itaque quod facitis, Deos omnes fortunare velim.

Placuit mirum in modum universæ concioni non utilis minus quàm opor-

» Barbarismes et de l'Ignorance vont prendre
» des forces et un accroissement tels qu'aucun
» de nous ne sera plus en état de leur ré-
» sister, et de faire face à leur féroce impé-
» tuosité ; nous les verrons alors mêlées, répan-
» dues parmi nous, y exercer au gré de leurs
» caprices une odieuse domination. C'est
» pourquoi, ô mes compagnons! je suis d'avis,
» pour le bien commun des deux puissances,
» qu'il soit fait sans différer des propositions
» de paix au roi des Verbes, et que nous lui
» tendions la main. Et ne pensez pas, lorsque
» je vous parle ainsi, que je succombe à la
» crainte, ni que j'aie perdu le courage qui
» sied si bien à votre roi ; mais je vois trop
» clairement que l'état des Noms et des
» Verbes ne peut se soutenir avec avantage,
» si l'on ne consent à sacrifier mutuellement
» à la concorde, à vivre sous les auspices de
» l'union sainte et désormais indissoluble des
» cœurs et des esprits. Il était de mon devoir
» de vous représenter ce que j'ai jugé être le
» plus propre aux intérêts, au salut de tous :
» si vous prenez d'autres résolutions, vous
» pourrez juger de la vigueur avec laquelle
» votre roi saura les exécuter. Puissent tous les
» Dieux attacher le succès à vos conseils ! »

Ce discours de leur monarque, non moins
utile que conforme aux circonstances, plut à

tuna sui regis oratio : omnesque militum ordines, ingenti sublato clamore, ut quod rex tam sapienter suaserat, sine mora exequeretur, enixius petiêre. Missi itaque in Verborum castra legati ex Nominibus prudentiores, absque aliqua difficultate constitutis primum indiciis, in hanc postremò cum Verborum rege, ejusque proceribus devenêre sententiam, ut scilicet tres eligerentur viri omnium Grammaticæ usuum, regularum et terminorum periti : quorum decisioni, arbitrioque utraque pars persanctè jurata stare deberet. Enimverò grandis fuit difficultas, et maxima inter partes contentio, quibusnam id munus potissimùm hujusmodi demandaretur : multis eam provinciam ambientibus, aliis alios nominantibus, et nominatos aliis improbantibus : demum Prisciano, Servio, Donatoque [41] approbanti-

(41) Servius (Honoratus-Maurus), grammairien

tous les assistans et fut accueilli avec une grande faveur : il s'éleva de tous les rangs un cri unanime pour le supplier avec instance de faire sans délai ce qu'il avait proposé avec tant de sagesse. On députa donc vers les Verbes des ambassadeurs choisis parmi les plus graves et les plus modérés d'entre les Noms : on eut convenu bientôt d'une suspension d'armes : il fut arrêté ensuite, avec le roi des Verbes et les anciens de son conseil, que l'on choisirait trois hommes intruits dans la langue, les lois, mœurs et usages du pays, au jugement et arbitrage desquels l'un et l'autre parti, également enchaîné par la religion du serment, promettrait de s'en rapporter. Mais ce ne fut pas une chose exempte de difficultés et de débats, que de convenir de ceux à qui l'on remettrait de si grands intérêts; plusieurs briguaient cette importante commission : les uns nommaient leurs candidats, et les autres s'empressaient de les rejeter. Enfin, sur la proposition soutenue par Priscianus, Servius et Donat, on se réunit en faveur des personnages ci-après; savoir : Phèdre Volaterranus, chanoine de la basilique du prince des Apôtres, homme d'une

---

latin qui florissait sous Arcadius et Honorius, et

bus, in infrà scriptos cuncti unanimiter consensêre, Phædrum scilicet Volaterranum, [42] canonicum basilicæ Apostolorum principis, singularis eloquentiæ virum, et extra omnem ingenii aleam positum : Petrum item Mar-

laissa de savans commentaires sur Virgile. Le *Nouveau Dictionnaire historique* ajoute que les commentateurs modernes y ont beaucoup puisé.

AElius Donat, grammairien de Rome au 4.e siècle, fut un des précepteurs de S. Jérôme. Il écrivit des commentaires sur Térence et sur Virgile, qui sont perdus. On a de lui un traité *de Barbarismo et octo partibus Orationis*.

Voyez sur Priscien la note 24.

(42) *Phedrus Volaterranus, Petrus Marsus Laurentii, Lippus Florentinus*. Ces noms purent être célèbres aux temps de notre historien ; mais, ou Phedrus, Lippus, etc., n'écrivirent point, ou ils ne purent donner à leurs écrits cette trempe divine qui émousse la faux du temps. Les siècles sont aux ouvrages, comme aux fleurs le printemps et l'été. Les arbres en sont couverts, la terre en est émaillée ; peu arrivent à fruit, et peu de ces fruits bravent les hivers. Il est encore des ouvrages qui meurent, renaissent, et dont on pourrait dire ce qu'Horace disait des mots :

> Multa renascentur quæ jam cecidère, cadentque
> Quæ nunc sunt in honore, vocabula, si volet usus.

rare éloquence et supérieur à toute prévention; Petrus Marsus, chanoine de Laurentio nel Damasco, savant profondément érudit, et Raphael Lippus, florentin, orateur distingué. Ceux-ci se rendirent, sur l'invitation qu'ils en reçurent, dans l'un et dans l'autre camp, et, après avoir écouté attentivement les préten-

Il ne paraît pas, du moins d'après des recherches bornées à notre bibliothèque publique, l'une des plus considérables qui soient dans les départemens; il ne paraît pas, dis-je, que leurs noms ou leurs écrits aient surnagé. On trouve dans Moréri et les autres dictionnaires, un Thomas Phèdre, chanoine et professeur d'éloquence, qui passa pour le Cicéron de son temps; mais il florissait vers la fin du 16.ᵉ siècle, et ne pouvait être, en 1530, celui de notre Guarna. On trouve un Raphael, rabbin, qui écrivit un livre d'œuvres spirituelles; mais il vivait en 1579 à Venise. Un autre Raphael, provençal, religieux dominicain, écrivait au 16.ᵉ siècle

Volterre est une ville d'Etrurie, célèbre par les écrivains qu'elle a produits, chère autrefois au prince des orateurs.

On a un Aurelius Brandolini, religieux augustin, qui fut nommé *Lippus* du mal de ses yeux, historien, poëte, orateur : il était célèbre en 1498.

Les savans qui travaillent en ce moment à un nouveau Dictionnaire, pourront déterrer dans les fouilles du temple de l'immortalité, ces noms moins célèbres, mais qui avaient pu mériter d'être conservés.

sum, Laurentii in Damasco canonicum crudissimum, ac Raphaelem Lippum Florentinum, oratorem insignem. Qui cùm in castra vocati advenissent, partis utriusque juribus auditis, re inter ipsos accuratius considerata, hanc postremam sententiam protulêre.

Quod Grammaticæ regibus, satrapis, civibus, studiosisque universis faustum fœlixque sit : [43] Nos triumviri

---

(43) Ces mots étaient une formule usitée dans ce temps ; on l'employait en tête de ses ouvrages, au commencement de ses actions, et l'idée en était venue des anciens, qui consultaient ou invoquaient, avant tout, les augures, et observaient de ne rien commencer que sous d'heureux présages. C'est à cette formule peut-être que nos pères avaient substitué celle-ci : *Ad majorem Dei gloriam.*

On trouve le *Quod felix faustumque sit* au commencement d'un ouvrage intitulé, *Caroli Ogerii ephemerides*, imprimé en 1656. Cet *Ogerius* (Ogier) fut ami de M. le comte d'Avaux, et l'accompagna dans son ambassade vers les puissances du Nord : son ouvrage en est la relation. On y trouve une gaieté franche, du savoir et des anecdotes piquantes. Le président Ogier, conseiller d'état en 1775, ambassadeur en Danemarck, puis commissaire du roi aux états de Bretagne, descendait de cet écrivain aimable ;

tions, discussions et moyens des parties, en avoir longuement et mûrement délibéré entre eux, ils prononcèrent cette sentence définitive :

« Que paix et bonheur soient aux rois,
» gouverneurs, satrapes, citoyens et habitans
» studieux du pays de Grammaire. Nous,
» triumvirs constitués aux fins de pacifier et
» faire cesser tous différens qui jusqu'à ce jour

il avait hérité de sa gaieté, de sa franchise. Ami de Louis XV, il fut exilé néanmoins pour son attachement aux intérêts de son corps ; de retour de son exil, ce prince lui proposant de sacrifier ses idées parlementaires, lui demanda en riant s'il avait oublié les îles Sainte-Marguerite. Il en est question dans les *fastes* et dans la *vie privée de Louis XV*.

Il eut un frère, capitaine dans la marine, commandant en 1793 le vaisseau de guerre *la Normandie*, et qui avait été blessé à l'affaire contre Rodney, où il était major d'escadre. Voyez les journaux.

M. Ogier de Dissais, l'un des descendans de cette famille, connu par des écrits utiles et des poësies agréables, paraît avoir hérité sur-tout de ce caractère de loyauté et de cet amour des lettres, qui en distinguaient les membres.

⁴⁴ tollendarum litium causa constituti, omnes contentiones, maledicta, injurias, damnaque, quæ in hanc diem inter Grammaticæ reges, eorumque milites intervenêre, revocamus, tollimus et obliteramus. Et si oblivioni tradi nequeant, at saltem silentio tegenda decernimus : statuimusque, ut de cætero in conficienda solenni oratione uterque Grammaticæ rex cum suis sequacibus conveniat, Verbum scilicet et Nomen, Participium, Adverbium, Præpositio, Interjectio et Conjunctio. In quotidiana verò et familiari oratione, soli Nomen et Ver-

(44) Les triumvirs étaient, à Rome, des juges chargés de connaitre principalement des causes capitales. On les nommait ainsi de leur nombre. On avait le tribunal des centumvirs, des décemvirs, des triumvirs et des duumvirs.

Ces derniers étaient de la plus ancienne institution ; c'est de leur jugement qu'Horace, meurtrier de sa sœur, en appelle au peuple.

Les centumvirs étaient le conseil ordinaire des préteurs ; ils se distribuaient comme en plusieurs

» ont été mus entre les princes de Gram-
» maire, et auxquels ont pris part leurs vas-
» saux, révoquons, oblitérons, mettons au
» néant toutes contestations, paroles injurieu-
» ses, griefs, dommages qui auraient eu lieu
» entre lesdits princes et entre leurs dits vas-
» saux ; et, dans le cas où le ressouvenir n'en
» pourrait être effacé incontinent, si voulons
» qu'ils demeurent ensevelis dans un rigoureux
» silence. Au surplus, arrêtons que dans la
» pompe du discours solennel, l'un et l'autre
» monarque devront se montrer au milieu de
» leur cour et gens de leur suite, savoir: le
» Participe, l'Adverbe, l'Interjection et la
» Conjonction ; que, dans le discours familier
» et d'usage, il pourra suffire que le Nom et
» le Verbe s'y chargent du détail de la
» phrase, se faisant assister seulement de ceux

sections, et souvent les causes étaient portées par appel d'une section à une autre ; souvent ils furent tirés au sort dans les tribus, quelquefois parmi les seuls chevaliers. Leur institution est postérieure à celle des préteurs, qu'ils durent soulager dans l'administration de la justice.

Les décemvirs étaient comme les chefs des centumvirs ; ils formaient un collége plus distingué, étaient précédés de licteurs, connaissaient principalement des causes d'état.

bum onus sustinebunt, arcessentes in patrocinium suum quos ex suis volent: cæteris parcentes, ne toties citati, nimis graventur. In oratione igitur volumus Nomen Verbo supponi; et cum apponitur, à Verbo Nomen regi debere decernimus, quantum ad casum; quantum verò ad personas et numeros, Verbum supposito cedere, quod sit vel Nomen, vel Pronomen, vel Participium. Item volumus quòd Participium revereatur Nomen et Verbum, habeatque regimen à parte post sui Verbi : à parte ante imitetur et Nomen. Si verò necessitas urgeat, concedimus soli Verbo, ut in prima et secunda persona, et in quibusdam verbis exceptæ actionis, in tertia persona sensum faciat orationis, semper nihilominus subintelligendo Nominis authoritatem, sed non exprimendo.

Hæc itaque sententia partibus præsentibus lata est atque promulgata, receptaque ab omnibus Grammaticæ in-

» des leurs qu'ils jugeront indispensable d'y
» appeler, ménageant ainsi leurs familiers, et
» adoucissant un service qui pourrait devenir
» trop pénible. Voulons en outre que le Nom
» soit inférieur au Verbe, par lui régi et
» gouverné dans ses cas: le Verbe, au con-
» traire, reconnaîtra, dans ses personnes et
» dans ses nombres, l'autorité de celui qui
» doit le précéder, soit le Nom, soit en son
» lieu et place les Pronoms ou Participes.
» De plus, voulons que le Participe rende
» honneur et soumission au Nom et au Verbe;
» octroyons néanmoins qu'il gouverne après
» lui, comme le Verbe lui-même ; mais sera
» Nom, au contraire, quant à tout ce qui le
» précéderait. Permettons, et pour les cas
» d'urgente nécessité seulement, que le Verbe
» se trouvant seul, il puisse faire, soit à la
» première, soit à la seconde personne, un
» sens complet; étendant cette indulgence à
» la troisième personne, en faveur des Verbes
» qui reçoivent l'action, et ce toutes fois en,
» de leur part, tenant le Nom pour présent,
» mais sans qu'il soit besoin de l'énoncer. »

Cette sentence lue et publiée, parties pré-
sentes, fut ouie des divers ordres de l'état
avec des acclamations unanimes. Elle fut pa-
reillement approuvée par tous les gymnases

colis, miro omnium ordinum consensu : quam etiam omnia Italiæ gymnasia approbavêre, et præcipue Bononiensis docta civitas [45], et sublimium ingeniorum parens fœcunda : quæ cùm aliàs multos, tum maxime ætate hac Alexandrum illum Zambecarium, virum integerrimum, quem nec spes, nec timor unquam movit à recto, Romanæ dedit curiæ. Studium verò Parisiense cætera recipiens, hoc suis provincialibus [46] speciale reservavit :

(45) Bologne était dès long-temps célébre par les sciences. Un Ferdinand de Marsilly fonda en 1712 l'institut de cette ville, sous la protection de Clément XI. Le sénat unit le nouvel établissement à l'académie déjà ancienne des Philosophes Inquiets (qui ne se reposaient point). L'institut est composé de quatre classes; l'une est dite des élèves, ou jeunes gens, que les membres sont chargés de former. Le pape Grégoire adressait, dans le 13.e siècle, ses décrétales *doctoribus et scholaribus Bononiæ commorantibus.*

Ferdinand de Marsilly s'étant présenté sans épée devant Louis XIV, ce prince lui donna la sienne.

(46) L'université ne fut pas de suite formée en

d'Italie, et nommément par la savante cité de Bologne, mère féconde en génies, et qui de nos jours sur-tout a donné à la cour de Rome cet Alexandre Zembecario, que ni la crainte ni l'espérance ne purent jamais détourner de l'honneur et du juste. Mais l'université de Paris ne reçut les articles du décret que sous les protestations et réserves, tant pour elle que pour ses provinces, de prononcer, soit les Verbes, soit les Noms, sans contrainte aucune, et sans pouvoir être assujettie à reconnaître dans leurs syllabes les règles de la quantité.

facultés; elle n'en eut même que deux dans le principe. Elle se composait de différentes écoles. Dans les unes on enseignait la grammaire; dans les autres, Aristote; dans plusieurs, la théologie. Les principales furent les maisons du Cloître-Notre-Dame, de Sainte-Geneviève et de Saint-Victor, réunies dans la suite par Matthieu Paris. Ces diverses maisons étaient distribuées en des sortes d'inspections que l'on nommait provinces. Henri II, roi d'Angleterre, offrit de prendre pour arbitres entre lui et S. Thomas de Cantorbéry, ou la cour des pairs, ou le clergé de France, ou les diverses provinces de l'école de Paris.

pronuntiandi scilicet tam verba quàm nomina liberè, et sine aliqua syllabarum quantitatis discretione. [47]

Et quoniam vetus erat questio inter

(47) L'abus qu'attaque ici l'auteur s'est perpétué en France, au milieu de la gloire même de notre littérature. Plusieurs provinces y avaient de son temps leur université, leur gouvernement littéraire, et l'université de Paris ne devait pas être la seule inculpée. Mais, en négligeant les lois de la quantité, on s'est privé de l'un des plus grands charmes de la langue harmonieuse des Latins, moins harmonieuse encore que celle des Grecs :

<blockquote>Graiis dedit ore rotundo
Musa loqui.
Hor. de Arte poët.</blockquote>

On lit les oraisons de Cicéron, ces chefs-d'œuvres de génie, d'éloquence et de musique, s'il est permis de s'exprimer ainsi ; on lit les harangues de Démosthènes et ses diatribes contre ce Philippe de qui il avait été dédaigné. Dans son discours de la couronne on croit sentir ses efforts repoussant un rival ; l'imagination nous aide, on s'écrie : Quelle harmonie ! On ne l'entend qu'imparfaitement, on se ment à soi-même. Mais que l'on essaie d'accentuer ces chefs-d'œuvres, le charme agit, l'expression s'anime ; on entend la mélodie et le ronflement des périodes, on se sent déchiré par les tortures qu'inventa l'odieux Verrès ; on goûte cette suavité

Et, comme il existait depuis long-temps

d'expression qui fait tomber des mains de César un arrêt de mort. Le discours si simple de Périclès fait tout-à-coup résonner dans l'ame des sons graves et doux, une mélodie pleine de consolation ; mais Horace et Pindare vous enlèvent vers l'Olympe et les héros, et les strophes de Tyrtée vous remplissent d'une fureur martiale. Il ne serait plus besoin, si l'on exerçait les jeunes gens à accentuer les langues latine et grecque, qu'un professeur se consumât à leur développer ces beautés imitatives qu'ils ne sentent que sur parole ; ils s'enthousiasmeraient d'eux-mêmes ; ils trouveraient dans la langue les couleurs de ce qu'ils voient dans leur ame. Cette chaleur des sons ferait chez eux éclore le génie ; la prosodie alors, dont les règles quelquefois incertaines sont toujours si multipliées et plus fastidieuses encore, deviendrait familière à leur oreille exercée. Ces vers languissans, qu'on leur fait péniblement tourner, mettre avec effort sur l'enclume ; ces assemblages de longues et de brèves qu'ils entassent, comme on dit, à coups de dictionnaire, ne feraient plus leur tourment, ni la honte de leurs essais ; l'expression accourrait sur l'aile de l'imagination, elle jaillirait du feu de l'âge, et le mot poëtique se présenterait au jeune homme dans sa verve, comme la note accourt au musicien compositeur. Mais, lorsqu'ils viendraient à s'exercer

Relativum et Antecedens [48], inter Ad-

ensuite dans la langue maternelle, peut-être y crée-
raient-ils un système nouveau ; peut-être, lui imprimant une marche plus rapide, s'élevant par l'habi-
tude et l'instinct à ces conceptions musicales que
devinèrent les Bossuet, les Bourdaloue, les d'Agues-
seau, les Thomas même, les Corneille, les Racine
et les Delille, dépasseraient-ils le but marqué par
ces grands hommes. Le génie qui souffle aujourd'hui
sur notre France, y concentra toutes choses autour de
l'unité ; il a donné aux sciences enseignantes leur chef,
comme les neuf sœurs eurent autrefois leur Apollon.
On peut imprimer dans toutes les académies un mouvement simultané, que régulariseraient, un jour, les
professeurs sortis de l'établissement normal. Pourrai-
je, après tout ce que je viens d'oser, présenter une
seule vue ? Je désirerais que l'on fondât dans tous les
lycées un prix de l'art d'accentuer Démosthènes et
Cicéron, de chanter Homère et Pindare, Horace
et Virgile.

(48) On se fait difficilement une idée des causes
de l'insubordination du relatif envers son antécédent,
de celle de l'adjectif envers son substantif, etc., for-
faits tous inouïs de nos jours. Il faudrait consulter les
archives des folies auxquelles chaque siècle, constamment tributaire de l'erreur, aura sacrifié dans la
partie grammaticale. On peut cependant supposer,
en ce qui concerne les querelles du relatif avec son
antécédent, que tous les rapports entre l'un et l'autre
n'avaient pas été invariablement déterminés. Il faut
distinguer le relatif de substance, d'identité, *decre-*

des prétentions respectives entre le Relatif et

vere quod relativum substantiæ, etc., et le simple relatif, ou d'accident, *relativum verò accidentis*, etc., et le relatif adjectif, que l'auteur a intercalé, *item quod relativum substantiæ*, etc., comme on le voit entre la première phrase citée et la deuxième. Ce dernier ne fait aucune difficulté ; c'est la modification du substantif : joint à lui et son accessoire, il en suit la nature. Mais il faut comparer les deux autres, objets des antiques difficultés et parties litigantes. Le premier, *relativum substantiæ identitatis*, rappelle la substance ; il en tient la place, en fait les fonctions ; il est elle. *Moi, celui qui ; celle-là qui ; que ; celui-ci, celle-là*, rapportent l'homme, et sont dits relatifs de substance ; ils doivent en rappeler le nombre, le genre, et non pas le cas ; car ils entrent nécessairement dans une autre phrase, et là ils deviennent sujets ou régime. *J'ai vu l'homme qui vous cherchait. J'ai vu l'homme*, première phrase ; *qui vous cherchait*, ou *cet homme vous cherchant*, deuxième phrase. *L'homme que vous cherchiez s'est retiré ; L'homme que vous cherchiez*, première phrase, etc.

Le simple relatif est *quelque homme, cet homme ; quelque peu d'hommes*. Ces mots ne relatent point la substance, mais ils expriment l'accident du nombre, de la qualité, etc. Chacun d'eux fait fonction d'adjectif ; il en suit donc les lois, et s'accorde en genre, en nombre et en cas.

Il semble que l'on ne doive point expliquer ces débats par les notions modernes sur la grammaire, ni étendre, d'après des observations plus récentes,

jectivum et Substantivum [49], inter Dictionem regentem et rectam [50], determinantem et determinatam [51], necnon inter Orationem perfectam et imperfectam [52] (corum enim unusquisque de

l'idée de relatif à toutes les parties du discours, suivant la place qu'elles y tiennent, pour en tirer les raisons de différence et les causes des contestations sur lesquelles l'auteur avait à faire prononcer les arbitres.

(49) Entre l'adjectif et le substantif, il pouvait s'élever des difficultés lorsque l'adjectif servait deux substantifs. Lequel choisirait-il ? Peut-être disputait-on sur l'origine du substantif, et prétendait-on qu'il était né de l'adjectif; que d'*homme fort*, par exemple, on avait fait le substantif *force*, idée propre à entretenir chez l'adjectif le sentiment de la fierté et de l'indépendance, et une tendance à la révolte.

(50) L'expression régissante n'est pas seulement le substantif dont nous avons discuté la cause dans la note ci-dessus, ou le Verbe, partie belligérante contre le Nom son ennemi ; mais encore le Nom envers un autre, la Préposition, et même le Verbe. Dans *Liber Petri*, par exemple, un substantif doit en régir un autre ; mais ce dernier prétendait relever, non pas du substantif *Liber*, mais d'un verbe sous-entendu, *qui est*, etc. Dans cette autre, *cum virtute et animo, multum virtutis*, le Nom dédaignait une

l'Antécédent, entre l'Adjectif et le Substantif, entre les Mots régissant et régi, déterminant et déterminé, et de même entre la Phrase parfaite et la Phrase imparfaite, car chacun aspirait à la prééminence, les triumvirs, voulant détruire à jamais entre eux ce germe

simple préposition, et supposait alors un substantif sous-entendu.

(51) Il pourrait s'élever entre le mot déterminant et l'expression déterminée, des contestations plus sérieuses. Le déterminant n'est quelquefois qu'un article, *ce*, *le*, *ce* peuple, *les* hommes; quelquefois une sorte d'adjectif, *plusieurs* hommes; d'autres fois un adjectif, les animaux *raisonnables*. Ces expressions fixent le sens du mot, le tirent du vague, et l'aident à présenter une idée nette. Cependant ils doivent être soumis au genre, au cas, au nombre du substantif ; c'est pour eux une puissance dont ils portent la livrée, un grand dont ils sont les hérauts.

(52) La phrase imparfaite est celle qui a besoin d'une autre phrase pour rendre un sens entier ; *hic adolescens qui studet est magnæ spei*. *Qui studet* ne présente pas un sens complet, on n'en connait point le sujet ; *hic adolescens est magnæ spei*, au contraire. La phrase *qui studet*, que l'on nomme incidente, ne peut donc être séparée de la seconde ; et ce serait contre toute raison qu'elle prétendrait, ou qu'on prétendrait dans ses intérêts, que celle-ci n'aurait pas sur elle une véritable prééminence.

præeminentia certabat), ut hujus quoque dissensionis materiam tollerent, decrevêre, quòd Relativum substantiæ identitatis, cum suo Antecedente concordaret in genere, numero, et in persona. Item quòd Relativum Substantivo deserviret in genere, numero et casu ; et quòd Dictio recta, naturam regentis sequeretur. Relativum verò accidentis solum Antecedens referret, quantùm ad tale accidens, sive proprietatem : in quo modo referibilis et referentis tantùm concordaret regula diversitatis cum antecedente ; quòdque Oratio imperfecta dependeret à perfecta, et Dictio specifica à specificata : et inter adjectiva, duo substantiva, duo verba modi infinitivi, duas orationes perfectas, et duas imperfectas, nulla esset obligatio servitutis. Hortabatur præterea Petrus Marsus [53], ut inter facta dictaque pa-

(53) Voyez ce qui a été dit, note 42, sur cette classe de savans.

de discordes, décrétèrent que le Relatif de la substance d'identité s'accorderait avec son Antécédent en genre, nombre et personne; que l'Adjectif ou Relatif du substantif suivrait celui-ci dans ses genres, nombres et cas, et que le Mot régi se conformerait à la nature du Mot régissant; mais que le Relatif de l'accident ne serait tenu que de rappeler son antendent sous le point-de-vue de la qualité exprimée, et que dans cette espèce du mot-objet au mot qui s'y rapporte, on n'observerait d'autre règle que celle du mode de différence avec son antécédent, ou mot dont il rappelle une qualité accidentelle. Ils réglèrent en outre que la Phrase imparfaite dépendrait de la Phrase parfaite, et le Mot spécifique du Mot spécifié. Quant aux Adjectifs entre eux, aux Substantifs en concurrence, à deux Infinitifs, deux Phrases parfaites, deux Phrases imparfaites également en présence, ils arrêtèrent qu'il ne pouvait y avoir de raison de priorité ou d'assujettissement. Petrus Marsus les exhortait sur-tout à observer entre eux, soit dans les gestes, soit dans les dits, les rapports fraternels de la paix et de la concorde; mais Phèdre combattit cet avis: il prétendait que si l'on allait jusqu'à détruire entièrement cet esprit de dispute, on ne laisserait rien à faire aux barbiers et aux marchands de vin; ce qui

cem et concordiam ponerent. Verùm dissuadente Phædro dicenteque, hac sublata discordia, nullum tonsoribus popinariisque linqui negotium [54], rem intentatam dimisère.

Ignorantiæ studiosos omnes, ac Barbarismorum ridiculam gentem inviolabili decreto omnibus Grammaticæ finibus submovêre : et Barbarismos quidem ad se profectos, Cisalpinæ gentes civitatibus suis donavêre. Ignorantiæ verò deditos quorundam principum favore protectos, non Italia modo, sed Urbs [55] etiam ipsa bonarum

(54) Les barbiers furent de tout temps, comme aujourd'hui, en possession de disserter et de disputer sur les sujets d'intérêt public. Le droit des nouvelles leur appartient par suite d'une possession immémoriale.

Opinor
Omnibus et lippis notum et tonsoribus esse.
Hor. serm. lib. 1, *sat.* 7.

Les anciens Romains se rassemblaient aux bains; les anciens Français au cabaret ; là se rendaient, même sous Louis XIV, les meilleurs comme les plus

fut cause que l'on ne prit point de parti à cet égard.

Enfin, par une dernière disposition du décret, furent bannis à perpétuité de la généralité des terres et dépendances de Grammaire, tous fauteurs et partisans de l'Ignorance, et tous individus de la nation des Barbarismes faite pour exciter la risée. Quant à ceux-ci, ils se retirèrent dans les villes cisalpines, où ils furent accueillis et obtinrent le droit de cité. Les membres du parti de l'Ignorance allèrent chercher asile et faveur, non-seulement à la cour d'aucuns princes

---

mauvais auteurs. Chapelle, Bachaumont, vivaient au caveau, et Saint-Sorlin

Barbouillait de ses vers les murs d'un cabaret.

Il n'est pas étonnant que les cabaretiers, voyant et recevant tous les jours ces savantes compagnies, ne se prétendissent au moins maîtres-ès-arts, et ne discourussent avec importance sur toutes sortes de matières.

(55) On sait que les Romains appelèrent leur ville, *urbs*, la ville par excellence.

literarum parens, vel invita tueri perseverat. Inter quos nonnullos etiam praebendis pinguioribus honestatos rudes adeò et imperitos reperies, ut si eos interroges, Amo quae pars est, dicturi sint : *Parle ce que j'entends.* Usque adeò mulas ipsas, quibus tam sublimes vehuntur, inscitia et obesitate animi supergrediuntur.

Praedictis insuper arbitris omnium consensu irrevocabilis potestas, et perpetua censura data est, grammaticulos omnes Grammaticae corruptores, semilatinosque, et semigraeculos, tanquam naturae monstra, inquirendi, puniendi, relegandi, omneque id faciendi quod bonarum literarum cultum, augmentumque concernere animadverterint. Quod ut facilius aptiusque exequi possent, jussi sunt ut curiam Romanam continuè sequerentur : quò non tam bonorum virorum frequentia confluit, quàm malo-

d'Italie, mais au sein même de la ville, où cette mère et nourrice des bonnes études continue de leur donner une protection dont elle rougit. Vous en trouverez en effet qui, engraissés et honorés des plus opulentes dotations, se montrent tellement bornés et ignares, que, si vous leur demandez à quelle partie du discours appartient *Amo*, ils vous répondront, *parle ce que j'entends*; tant il est vrai qu'ils sont plus crasses et plus stupides que les mules mêmes sur lesquelles ils promènent par les rues leur épaisse inutilité.

Pour l'entretien et stabilité du présent règlement, il fut accordé aux arbitres susdits, personne ne contredisant, un pouvoir irrévocable et droit de censure perpétuelle, afin qu'ils pussent rechercher et disperser toutes ces nuées de petits grammairiens, corrupteurs de la saine discipline, punir et châtier tous les semi-grecs et semi-latins, les reléguer, et en purger le sol comme d'autant d'êtres informes et disgraciés de la nature, et faire, en un mot, tout ce qu'ils jugeraient convenable pour le maintien des bonnes études, l'accroissement et la prospérité des lettres: et, pour qu'il leur fût plus facile de remplir avec fruit cette commission, ils reçurent injonction de se tenir à la suite de la cour de Rome, où se rendent, par intervalle à la

rum fœces se frequentes exonerant: quæ quidem authoritas, pontificalibus, imperialibusque amplissimis privilegiis corroborata dignoscitur, et præcipue sanctissimi D. nostri Julii pontificis incomparabilis [56], cujus memoria nunquam intermorietur.

(56) Le cardinal de la Rovère, élu pape sous le nom de Jules II en 1503. Il mourut en 1513.

FINIS.

vérité, quelques hommes d'un grand mérite ; mais où s'écoule le plus souvent la lie de ce qu'il y a de moins recommandable parmi les nations. L'autorité de cette nouvelle magistrature leur fut confirmée par les rescrits ampliatifs des souverains pontifes et des empereurs, accordant les priviléges les plus étendus, et par lettres sur-tout de notre chef très-saint, le pape Jules, pasteur incomparable, dont la mémoire ne saurait périr.

FIN.

www.ingramcontent.com/pod-product-compliance
Lightning Source LLC
Chambersburg PA
CBHW060525090426
42735CB00011B/2380